『SLAM DUNK』に学ぶ
「癖のある部下」の活用術

小林 奨
text by Sho Kobayashi

彩図社

【はじめに】

人の伸ばし方は『スラムダンク』に学べ

数々の名作マンガを世に送り出してきた少年漫画の殿堂「週刊少年ジャンプ」。その歴史の中でも一際まばゆい輝きを放っているスポーツマンガがあります。

そのマンガとは『スラムダンク』。

1990年から1996年にかけて、週刊少年ジャンプで連載された伝説のマンガです。

『スラムダンク』がテーマとしたのは、高校のバスケットボール部。当時としては珍しいテーマでしたが、マンガは大ヒットし、アニメ化もされ、バスケットボールそのものの人気獲得にも大きな役目を果たしました。

安西先生の名言、

「あきらめたらそこで試合終了だよ」

という言葉に励まされたという方も多いことでしょう。

『スラムダンク』は様々な楽しみ方ができる作品ですが、一番の魅力はなんといっても「個性があり、ドラマがあるキャラクターの存在」ではないでしょうか。

主人公・桜木花道が所属する湘北高校のバスケットボール部の面々はいずれも個性派揃いで、それぞれが突出した才能を持っています。

しかし、だからと言って彼らは完璧ではありません。桜木たちはみな、何らかの欠点や弱点を抱えていました。彼らはときにぶつかり合い、ときに励まし合いながら、弱点や欠点を克服し、チーム力を高めていきます。もしも、彼らが真面目で品行方正な優等生ばかりだったら、きっと強豪相手に勝ち進んでいくことはできなかったことでしょう。

「それぞれが欠点を補い合うことで、チームのチカラは飛躍的に上昇する」

このことは、バスケットボールだけでなく、ビジネスの世界にもそのまま当てはまります。

ビジネスの世界には、ときおり〝使いにくい部下〟がいます。

・飽きっぽくて仕事が長続きしない
・こちらの指示を待てずに勝手に行動してしまう
・負けず嫌いですぐに感情的になる

などなど、〝癖〟がある部下を持つと、上司は苦労させられるものです。

しかし、そうした部下であっても、注意深く観察すれば、優れた長所を持っていることがあります。

その優れた部分を伸ばすような支援を行えば、部下は大きく成長することがあります。

たとえば、『スラムダンク』の桜木花道がそうでした。

物語序盤の彼は練習の指示を守らない、練習試合中に自分勝手に動いてしまうなど、問題行動ばかりとっていました。そんな桜木を「単なる体力自慢の不良」だとして赤木が退部させていたとしたら、湘北バスケットボール部はどうなっていたでしょうか。インターハイに出場することはできなかったでしょうし、それ以前に三井寿らの不良グループに叩きのめされて廃部になっていたかもしれません。安西先生や赤木をはじめとするチームメイトの働きかけがあったからこそ、桜木花道は成長し、チームになくてはならない存在になったのです。


では、〝癖のある部下〟はどうすれば〝使える部下〟に変えることができるのでしょうか。

その方法は、ロールプレイングゲームにたとえるとわかりやすいかもしれません。

あなたの部下は、

「強力な魔法があるが、体力がなくすぐにやられてしまう魔法使い」

あるいは、

「力は強いが、攻撃がまるで命中しない戦士」のようなものです。

そうした〝弱点〟のあるキャラクターがパーティーにいたら、みなさんはどうするでしょうか？

欠点を克服できるまでレベルを上げ続ける？

そんな悠長なことはしませんよね。

おそらく「戦略や装備を工夫して、弱点をフォローできるようにする」はずです。

それぞれのキャラクターの特性を活かし、弱点をうまくフォローし合えれば、そのパーティーは何でもできる〝勇者〟ばかりのパーティーよりも強力になります。


それは部下と接するときも同じです。

部下のレベルが上がるのを待つのではなく、部下の欠点を補い、長所を伸ばしていく。そうした働きかけを行うことができれば、部下は思いもよらないチカラを発揮してくれるかもしれません。

本書は、そんな部下を伸ばす方法を『スラムダンク』から学び取ろうというものです。

前述したように『スラムダンク』には、人を伸ばすヒントがたくさんつまっています。印象に残る名シーンやエピソードから、そのヒントを抽出し、癖のある部下を伸ばす方法を解説しています。

本書で取り上げた〝癖のある部下〟〝使いづらい部下〟は全部で30タイプ。

劇中で主要キャラクターが見せた性格や特徴をもとに、それらを「桜木花道タイプ」「流川楓タイプ」

ました。

「宮城リョータタイプ」「三井寿タイプ」「木暮公延タイプ」、そして「赤木剛憲タイプ」の6章に分類しました。

本書はなにも最初から読む必要はありません。

心当たりの項目から読み進めていただければ充分です。

とはいえ、人の性格というのはなかなか一筋縄ではいかないものです。

「桜木花道タイプ」の人が「流川楓タイプ」の特徴を持っていることもありますし、「桜木花道タイプ」への支援が「宮城リョータタイプ」にも有効であることもあります。

ですので、順番はバラバラだったとしても、すべてのタイプに目を通しておくことをおすすめいたします。

ビジネスもバスケットボールと同じように、チームプレイがカギを握ります。

どのようにすれば、湘北バスケ部のように強力で個性的なチームが作れるのか。

本書からそのきっかけのようなものを掴んでいただければ幸いです。

２０１６年6月　著者記す

『SLAM DUNK』に学ぶ「癖のある部下」の活用術――目次

はじめに …… 2

【第1章】桜木花道タイプの活用術 …… **13**

物事にやる気を見せないタイプ …… 14
指示を待てず勝手に行動するタイプ …… 20
集中力がなくミスを連発するタイプ …… 26
同じ失敗を繰り返すタイプ …… 32
飽きっぽく長続きしないタイプ …… 37
人の意見を聞かないタイプ …… 43

【第2章】流川楓タイプの活用術 …… **49**

負けず嫌いで言われたら言い返すタイプ …… 50
攻撃的な表現をしてしまうタイプ …… 56
上から目線と誤解されやすいタイプ …… 63
独断専行して大失敗してしまうタイプ …… 70
頼んだことをやってくれないタイプ …… 77
基本的な礼儀を理解していないタイプ …… 84

【第3章】宮城リョータタイプの活用術 …… 91

理解しがたい行動を取るタイプ …… 92
悩みを一人で抱え込むタイプ …… 99
要領があまり良くないタイプ …… 105
いざというときにしり込みするタイプ …… 112
得意不得意の差が大きいタイプ …… 117

【第4章】三井寿タイプの活用術 …… 123
自分が中心でないと我慢できないタイプ …… 124
物事を途中で投げ出してしまうタイプ …… 129
過去の失敗をいつまでも引きずるタイプ …… 135
自信を持つことが苦手なタイプ …… 141

【第5章】木暮公延タイプの活用術 …… 147
周囲に振り回されてしまうタイプ …… 148
突然キレてしまうことがあるタイプ …… 154
プレッシャーに弱いタイプ …… 161
なぜか過小評価されてしまうタイプ …… 166
感情を表に出すことが苦手なタイプ …… 171

【第6章】赤木剛憲タイプの活用術

【第6章】赤木剛憲タイプの活用術……177
人と衝突してしまいやすいタイプ……178
ひとつの物事にこだわるタイプ……184
完璧主義になってしまうタイプ……191
理想が高すぎるタイプ……197
あとがき……204
主要参考文献……206

【第1章】桜木花道タイプの活用術

桜木花道は天性の素質はありながらも、こらえ性がなく、部活を辞めかけたことや、自分の試合での出番が待ちきれずに監督に食って掛かったこともあります。

彼の強さは何と言ってもその馬力。圧倒的な運動量は湘北にガッツを与えます。しかし、その運動量が災いしてか、彼はファールが多く、何度も退場してしまいました。

そこで本章では、

- **指示を待てずに勝手に行動してしまうタイプ**
- **何度も同じ失敗を繰り返してしまうタイプ**
- **こらえ性がないタイプ**
- **こちらの言うことに耳を傾けてくれないタイプ**

などを桜木花道タイプとし、そうした部下への対応を解説します。

【桜木花道タイプの活用術──①】

物事にやる気を見せないタイプ

～ジャンプコミックス『SLAM DUNK』２巻より～

能力があるのに、なかなかやる気を出してくれないという部下はいるものです。そのような相手を仕事に打ち込ませるためにはどのような声がけをすれば良いのでしょうか。心理学でいう「外発的動機」と「内発的動機」をもとにやる気を出させる方法を考えてみましょう。


4月になり、新しい学年が始まったある日。

湘北高校三年生のバスケットボール部主将・赤木剛憲は、同級生から今年の目標を聞かれ、

「全国制覇だ！」

と力強く宣言します。すると、そこに隣のクラスから青田龍彦がやってきました。

「全国制覇!?　あ!?　そいつはオレが先だ、赤木よ!!　オレたち柔道部がな!!」

青田は赤木の幼なじみで、親友かつライバルのような存在。赤木がバスケットボール、青田は柔道と

打ち込む道は違いますが、お互い全国制覇を目指して切磋琢磨しています。

そんな青田には、気になっている新入生がいました。

身長１８８センチ、体重83キロという堂々たる体格の桜木花道です。

青田は桜木の巨体とパワー、そして度胸の良さを買っており、桜木をバスケットボール部から強奪しようと考えていたのです。

さっそく桜木に接触する青田。柔道部の道場に連れ込むと、取り出したのは桜木が思いを寄せる、赤木の妹・晴子さんの生写真でした。晴子さんの小学生、中学生の時の貴重な写真を見せつけ、

「柔道部に入部すればこれをすべてオマエにやるといったらどうする？」

と勧誘。これには桜木も大きく心が揺らいだのか、写真を手にしようと（文字通り）踊らされるハメになりました。

しかし、それほど写真を欲しがっているにもかかわらず、桜木は転部を拒否。

「ジュードー部には入らん。写真はもらう！」と言って、実力行使にでます。青田の柔道技で追い詰められる桜木、しかし、最後は持ち前の馬力で見事に勝利をおさめ、写真をものにします。

そのパワーにますます惚れ込んだ青田は、めげずに再び柔道部に入るよう説得します。

桜木は「**バスケットマンだからだ**」と言って青田の誘いをキッパリ断ります。

これで青田も桜木のことを諦めた……かと思いきや、その後も彼は執拗に桜木を勧誘するのでした。

※　※　※

『スラムダンク』の見どころのひとつに、キャラクター同士の恋愛模様があります。

ご存知のとおり、桜木花道は全編にわたって赤木の妹である晴子さんに片思いをしています。

そもそも桜木がバスケットボールを始めたのも、「晴子さんが好きだったから」でした。青田はそのことを知っていたために、晴子さんの幼い頃の写真をエサに柔道部に誘ったのです。

しかし、桜木は生写真に大きく心を揺さぶられながらも、柔道部への入部は断りました。

なぜ、青田の作戦は失敗したのでしょうか。そこには心理学でいう**「外発的動機」と「内発的動機」の理論**が大きく関係していると考えられます。

「外発的動機」というのは、簡単に言うと「報酬」のことです。

子どもに勉強をさせようとするとき、

「テストで80点以上とったら、新しいゲームを買ってあげる」

などと〝ご褒美〟を示してヤル気を出させることがあります。この〝ご褒美〟が「外発的動機」です。

「報酬」は物事を始めるにあたって、非常に重要なきっかけになります。事実、桜木の場合もバスケットボールを始めたのは「晴子さんに好かれる」という〝ご褒美〟を得たいからでした。晴子さんがバスケ部とは無関係で柔道部のマネージャーだったとしたら、『スラムダンク』が柔道漫画になっていた可能性は十分にあります。

「外発的動機」はモノだけでなく、「本人の好きな習慣」でも与えることができます（このことを専門用語で**「プレマックの法則」**と言います）。

たとえば、落ち着きのない子どもに「15分勉強したら、30分外で遊んでいい」と条件を出して勉強をさせたり、「○時まで手伝ってくれたら、好きなテレビ番組を観てもいい」などとお手伝いをさせるケースがそれに当たります。

このように様々な形を持っており、物事のスタートに関わる「外発的動機」ですが、**これだけでは人を動かすには不十分**です。とくに対象が大人になると、なかなか〝報酬〟だけでは動かないというケースも出てきます。

そこで重要になるのが**「内発的動機」**です。

内発的動機とは、**「その行為自体が報酬になること」**を言います。これだけだとややわかりにくいので、具体的な例を出してみましょう。

みなさんは、なぜ報酬をもらえないのに映画を観るのでしょうか？

なかには「最新の話題についていくため」、「話のネタを集めるため」といった動機で観る人もいるかもしれませんが、大部分の人は

「映画を観ることそのものがおもしろいから」

映画を鑑賞するのではないでしょうか。

人が物事を継続するときは、この「内発的動機」が大きく作用しています。

映画のほかにも、仕事を例に挙げて考えてみましょう。

営業の仕事を任された部下がいたとして、

「給料のために、仕方なく営業の仕事を行っている部下」と、

「営業の仕事が好きだから、毎日がんばっている部下」

では、どちらの能力が伸びると思いますか？　おそらく（2人の潜在能力が同じなら）、後者でしょう。このように部下のやる気を引き出し、継続的に能力を伸ばすためには、**課題そのものが好きになること、すなわち「内発的動機」を伸ばすことが重要になります。**

この「内発的動機」が高まる要因には大きく**「有能感」「自己決定」「知的好奇心」の3つがあります。**

たとえばテレビゲームが大好きで、なかなかやめられない方がいたとします。

このような人の内面には、

「ハイスコアを取ることができる（**有能感**）」

「自分で行動を選択し、キャラクターを自在に動かせる（**自己決定**）」

「おもしろいストーリーを進めるのが楽しい（**知的好奇心**）」

などの思いがあるため、テレビゲームをすることが『内発的動機』となっていると言えます。

桜木花道の場合も、最初は「晴子さんとお近づきになる」という外発的動機のために始めたものの、バスケで新しいことを学んだこと（**知的好奇心**）や、スラムダンク・ボールハンドリングなどで自分にバスケの才能があると自覚できたこと（**有能感**）で内発的動機が高まったからこそ、自分を「バスケッ

トマン」だと自覚して、転部を断ったのかもしれませんね。

癖のある部下に仕事をさせる場合も、この内発的動機を高めることが役に立ちます。

まずは、外発的動機を通して仕事をやってもらい、その後で

「相手をしっかりとほめていく（有能感）」

「本人の裁量に任せた仕事をさせていく（自己決定）」

「扱う商品やサービスの利点や課題などを考えさせ、興味を持たせる（知的好奇心）」

といった方法で内発的動機を高めていくと良いでしょう。

活用術のコツ

人を動かすには「外発的動機」が大きな要素になるが、それだけでは不十分。物事を継続させるには「内発的動機」を高める必要がある。「行動そのものを面白いと思える」ように働きかけを行えば、「内発的動機」は高まっていく。

【桜木花道タイプの活用術──②】

指示を待てず勝手に行動するタイプ

～ジャンプコミックス『SLAM DUNK』3巻、4巻より～

世の中には「せっかち」な人がいます。「まだ慌てるような時間じゃない」のに、得意先に催促の電話を繰り返したり、こちらを差し置いて勝手に話を進めてしまったり……、この項では、そんなタイプの部下にはどのように働きかけていけばいいのかを解説します。

桜木花道がバスケ部に入部してからしばらく経った頃、陵南高校バスケットボール部との練習試合が行われることになりました。

彼にとっては初めての対外試合です。

「ついに桜木花道、待望のデビューかあ!?」

いよいよスターティングメンバーの発表……、自分の名前が呼ばれることを信じてやまない桜木でしたが、代わりに呼ばれたのは憎き流川楓。

「なんでオレがスタメンじゃねーんだ‼　どーゆーことだこりゃあ‼」

激高した花道は安西先生の背後に飛びつくと、アゴの肉をタプタプやりながら大暴れします。

「キミは秘密兵器だからスタメンじゃないんです」

安西先生にそう言われ、一度は収まった花道でしたが、試合が始まると問題行動を連発。

・「秘密兵器の桜木だ‼」と仙道に面と向かって言い放つ。
・開始2分で勝手に流川と交代しようとする。
・「おまえたちこの試合、30点差をつけてみろ‼」などという敵チームの監督に浣腸をする（当然ですが、テクニカルファウルを取られています）。
・赤木がダンクを決めると「イヤ今のは10点くらいあるだろう」と勝手にスコアボードをいじる。
・ハーフタイムに敵チームの作戦を盗み聞きする。

などと、ルールを無視して勝手気ままに振る舞うため、イスに縛り付けられてしまいます。

後半になっても出番が訪れず、イライラを募らせる桜木。

安西先生はそれを見て**「ホッホッホッ」**と笑っているばかりです。

それを見てついに桜木はついに、

「ホッホッホッじゃね―――っ!!!」

と怒りを爆発させました。

※　※　※

試合に出られないイライラから問題行動を起こした桜木。

改めて思うと、彼はとんでもない行動ばかりしています。現実世界でもし同じようなことをやれば、きっと没収試合になったことでしょう。

さて、世の中には〝我慢が苦手〟という人がいます。

たとえば、取引先から注文書がこないことにしびれを切らし、上司の指示を仰ぐことなく、

「あの注文書はどうなっているんですか！」

などと苦情を言ってしまう部下。

仕事になれさせるために基本的なことをやらせていたら、

「いつまでたっても仕事を任せてくれない！　自分はきっと、会社に正しく評価されてないんだ！」

と言って、辞表を提出してしまう新人など、ここまで極端ではないものの、我慢ができず、突発的な行動に出てしまう部下というのはいるものです。

しかし、そうした部下を単に、

「待つのが苦手」

「わがままで、自分勝手に動いている」

と決めつけてしまうのは早計です。

なぜなら、彼らは**「見通しがつかないから爆発しているだけ」**なのかもしれないからです。

人間は先が見えない状況に置かれると、イライラしがちです。

たとえば、発車時刻になっても電車がこず、待ち合わせに遅れそうだったとします。

なぜ電車が遅れているのか、電車はいつくるのか。アナウンスが一切なかったとしたら、どうでしょう。ほとんどの人がイライラしてしまうのではないでしょうか。

それでは、案内放送などで「あと◯◯分で電車がきます」と知らされたとしたら……、「それならもう少し待ってみるか」と多少なりとも気持ちが落ち着くはずです。**人間は見通しや具体的な指示があれば、わりと我慢できたり、きちんと仕事したりするものです。**

練習試合での桜木花道のケースもこれに近いものがあったと考えられます。

「秘密兵器」だとして先発落ちし、いつ出番がくるのか聞いても「ホッホッホッ」となかなかとり合ってもらえない。そうした先の見えない状況に、桜木は不満を爆発させてしまったのでしょう。

こうした場合、安西先生が事前に、

「君は秘密兵器だから、後半の◯分前に投入するつもりだ。相手のレギュラー陣が疲れ切っているなか、君が持つ天才的な体力で戦場をかき回せば、相手も崩れるはずだ」

と明確な見通しをつけて話をしていれば、あんな行動はとらなかった……かもしれません。もちろん、スポーツの世界では、「二転三転する試合状況の中、どのタイミングで桜木花道を投入するべきかは、臨機応変に対応しないといけない」ものですので、具体的な指示を出すのはなかなか難しいのですが……（実際、桜木が投入される決め手になったのは、〝赤木の負傷〟でした）。

スポーツの世界は仕方がないにしても、ビジネスの世界であれば、**ある程度「見通しがつくもの」については、ハッキリと伝えた方が良い**ケースがあります。

先ほどの例に挙げた、注文書がこないことで取引先に苦情を言う部下や、基本的な仕事を嫌がる新入社員の場合は、

「取引先への催促は、15日の12時まで待ってくれ。それでこなかったら、まず私に報告してほしい」

「うちの会社では、半年は事務仕事をやり、適性を見た上で本格的な営業にまわってもらう決まりなんだ。10月まで言われたことをしっかりこなしてくれたら、こっちも大きな仕事を回しやすいんだけど」

といったように、具体的な日時を伝えたり、優先順位を教えたりします。そうすることで相手に見通しを立てさせることができ、突発的な行動に出るのを防ぐことができます。

ただし、そのときはひとつ注意したいことがあります。

「具体的な見通しを持たせたから、もう大丈夫だろう」などと、指示を出したことで〝満足しない〟ことです。

たとえば、13時に取引先と打ち合わせをする予定があり、そこで使う資料を部下に頼んだとします。そのとき、「この資料を午前中に仕上げてくれ」と指示を出すだけだと、

（午前中？　そうか、午後一番の営業会議で使う資料なんだな）

と相手が勘違いして、資料の完成が遅れてしまうおそれがあります。そうしたことを防ぐには、指示を出すだけでなく、

「13時に取引先を訪問する。12時には会社を出て先方に向かうから、それまでに資料を仕上げてほしい」

といったように**「なぜ、その時間に必要なのか」ということをしっかりと伝えることも重要**です。

活用術のコツ

待てずに勝手な行動を取ってしまう人の場合には「見通し」を与えられるように具体的に指示を行う。ただし、指示を与えたことに満足して相手が正しく理解していない場合もあるので、「何のために必要か」を伝えるなどの工夫も必要になる。

【桜木花道タイプの活用術――③】

集中力がなくミスを連発するタイプ

～ジャンプコミックス『SLAM DUNK』6巻、21巻より～

メールの誤送信やファイルの添付ミス、書類の数字間違いなど、ビジネスの世界ではわずかなミスが命取りになることがあります。しかし、いくら注意しても不注意からミスを連発してしまう人も……。そうしたミスが減らないのは、ひょっとするとこちらの注意のやり方に問題があるのかもしれません。

舞台は、陵南高校バスケットボール部との練習試合。

キャプテンの赤木の負傷がきっかけで、桜木花道がついにコートに入りました。

緊張からミスを連発する桜木。しかし、流川の叱咤を受けて、徐々に調子を取り戻していきます。それにともない猛攻に出た湘北。試合終了の約2分前には、**木暮が3ポイントシュートを決めて**、一度は逆転に成功します。

しかし、そこで終わらないのが、強豪の陵南でした。陵南はエースの仙道選手を中心に粘り強く反撃。

湘北はあっさり逆転を許すと、逆にリードを広げられてしまいます。

なんとか食らいつきたい湘北は、『仙道に対して1対2でのマークを行う』という作戦で、1点差にまで詰め寄ります。そして試合終了の約6秒前、桜木が流川から（結果的に）絶好のパスをもらいました。桜木はスラムダンクでケリをつけようとしますが、晴子さんの叫び声が耳に届き、

「置いてくる!!!」

と、レイアップシュートを決めて再び逆転します。と、そこで気を抜いた次の瞬間。**仙道の速攻で陵南が再逆転**。そこで試合は終了し、湘北はあと一歩のところで敗れてしまいました。


それからしばらく経って、湘北バスケ部は陵南と公式戦で顔を合わせます。

前回の練習試合とは違い、ゲームは湘北リードで進んでいきます。一時は仙道の活躍もあって、点差が1点にまで縮まります。しかし、試合終了間際に、陵南の田岡監督の采配で**ノーマーク状態に置かれた木暮が3ポイントシュートを決め**、さらに桜木がダンクを決めてリードを保ちます。

「戻れっ!!　センドーが狙ってくるぞ!!」

桜木の発した一言ですばやく自陣に戻り、守備につく湘北メンバー。堅い守備でわずかに残されていた陵南の逆転のチャンスを潰すことに成功し、湘北はついに強豪陵南に雪辱を果たしました。

※　※　※

この陵南との2試合、とくにインターハイ出場が決まる決勝リーグでの2試合目は、作中屈指の名勝負として知られています。

試合を見ていて強く感じるのが、やはり主人公・桜木花道の成長です。

第一戦の練習試合では、湘北チームは一瞬の油断をつかれて敗北しました。

しかし、その後の第二戦では、見事に仙道の速攻を阻止してリードを保ちました。

これは桜木が練習試合の失敗から、

「試合終了間際になると、仙道は奇襲を狙ってくるからすぐに自陣に戻って備える」

ということを学んでいたからこそ、得られた勝利でしょう。

逆に田岡監督は、

「木暮は土壇場で3ポイントを決めてくることもあるから、マークを外してはならない」

ということを練習試合で学んでいれば、陵南が敗北することはなかったかもしれません。

さて、この最初の陵南戦を読んだ時、自分もマンガの世界に入って、

「最後まで気を抜かずに、集中しろ！」

と思わず声をかけたくなったという人は多いはずです。

もし仮に奇跡が起きて、そう声をかけることができたとして、結果は変わったでしょうか。

いいえ、たぶん湘北は同じように敗れていただろうと思います。

なぜそう言えるのか。

それは**「最後まで気を抜かずに、集中しろ！」という言葉がとても曖昧**だからです。この声かけだけでは、「どこに注意をはらったらいいか」がわからず、アドバイスとしては不十分になります。

ビジネスでも**「あいまいな言い方でなく、具体的な指示ややり方で理解をうながす」**ということが非常に重要になります。

たとえば、仕事の納期を忘れてしまいやすい人に対して、

「期限が近い資料は早めに片付けろ」

という曖昧な指示を行ったとしても、効果はあまり期待できません。相手にとっては、

「早めに片付けているつもりなのに、どうしてそんなことを言うんだ？」

と感じてしまうからです。このように指示するよりは、たとえば赤と黄色と緑のファイルを用意して、

「納期が１日前のものは赤、３日前のものは黄色、１週間以上余裕があるものは緑のファイルに分けること」

など**具体的なアドバイスをすることが重要**になります。

もう一つの例として、

「メールなどで誤送信が多い人」

に対してはどのように指示を与えればいいでしょうか？

「メールを送る前に必ずチェックして、間違えないようにしろ」

という方は多いと思いますが、これだけで誤送信のミスが減ることはまずありません。

そうした言葉をかけるよりも、

1、メールのアドレスは面倒がらず、必ずフルネームで登録させる（余談ですが、変な名前で登録すると、それが相手にわかってしまうことも伝えた方がいいでしょう）
2、冒頭は『各位』で済ませず、入れた人の名前をCCも含めて「○○様」と、すべて入力する
3、添付ファイルのタイトルには送る予定の人の名前を必ず入れる
4、定型文も間違えやすいところは大きな赤字にしておく
5、特に間違えると問題になりやすい、添付ファイルと送り先は復唱する
6、以上のことを踏まえたうえで、更に誤送信防止機能を使う

ということを書いたマニュアルを渡す（もちろん、**このマニュアルも大事なところは見やすくする**）

などの工夫をする方が、よっぽどミス防止に役立つはずです。

ミスが多い人を単純に、

「集中力がない人」

と片づけて批判することは非常に簡単です。しかしこれは、生まれつき足が遅い人に対して、

「1000メートルを3分で完走できないお前は無能だ」

と言っているようなものです。

もし長距離走が苦手な人がいるならば、無理に練習させるよりも、自転車などの〝補助具〟を使ってもらった方がお互いストレスはかかりません。

しかし、部下も人間ですので、**「お前は足が遅いから自転車を使え」など一方的に命じても、自転車に乗るとは限りません。当然、こちらがよかれと思ってした提案に反対することもあるでしょう。**

ですが、そうした時でも一方的に否定するのではなく、

「私のした提案のどういうところが不満なの？」

と嫌がる理由を冷静に尋ねてみたり、部下が努力していることを尊重している態度を示すなどして、部下が提案を受け入れやすい環境をつくるようにするといいでしょう。

活用術のコツ

ミスが多い人に「気を付けろ」というだけでは、指示した人の自己満足に終わってしまうことが多い。ミスを防ぐためには、具体的に「どのような方法を使えばいいのか」ということを考え、さらに相手の気持ちを考慮した上で、善後策を練るようにすることが重要である。

【桜木花道タイプの活用術――④】

同じ失敗を繰り返すタイプ

～ジャンプコミックス『SLAM DUNK』9巻より～

「前にも同じミスをしたでしょ！」とつい小言を言いたくなるような人がいます。こうした人は単にお説教をするだけではあまり効果がありません。どのようにすれば、同じ失敗を繰り返すことを防げるのでしょうか。ここではその効果的な働きかけ方を紹介します。

5月19日、湘北バスケ部は待ちに待ったインターハイの県予選を迎えました。初戦の相手は三浦台高校。「しょっぱなから三浦台とはキツイですね」（陵南・相田彦一談）と評されるほどの実力校です。そんな相手にもかかわらず、湘北は流川・三井・宮城・桜木の4人をベンチスタートにします。4人は先日ケンカをしたため、安西先生が罰として出場を認めなかったのです。4人がいないために劣勢に立たされる湘北。二度と喧嘩はしないことを誓い、4人は試合出場が許されました。

4人が入り、流れを引き戻した湘北は、後半終了間際には逆にダブルスコアまで点差を広げました。

しかし、その中でひとりだけ浮かない顔をしている者がいます。

桜木です。チームメイトが点を次々と決める中、彼だけがまだ無得点でした。後半残り4分、そんな桜木にダンクシュートの機会が訪れます。敵のブロックの上からボールを叩き込み、見事にダンクを炸裂させた……かと思いきや、ボールは相手の脳天を直撃。桜木はファール5つで退場させられます。

その後2回戦、3回戦、4回戦と駒を進める湘北でしたが、桜木はなんとすべての試合で退場してしまいます。４試合で通算20ものファウルをとられたことで、自信家の桜木も、

「もしかして…オレって天才じゃないのかも…」

とへこみ、赤木の家に、

「た…退場にならないためにはどうすればいいか教えてくれ」

と指導を仰ぎに参ります。そこで赤木は、

「**どのくらいのことをしたらフエがなったか…ファウルをとられたか…よく考えてみるんだな**」

とアドバイスを送ります。

その後、桜木は翔陽戦で最後までファールせずに戦う……とまではいきませんでしたが、後半のラスト1分50秒まで戦い続け、湘北を勝利に導きました。

※　※　※

さて、普段は自分を天才と信じて疑わない桜木も、4試合連続の退場にはショックを受けたようです。そして赤木のもとに相談に訪れますが、そこで赤木はあえて「自分で原因を考えろ」と突き放します。

一見、冷たい対応に思えるこの赤木の態度ですが、**「原因分析」は繰り返しミスをする人を改善する手段として、非常に有効な方法**です。実際、桜木も自分でミスの原因を考え、分析できたこともあったためか、翔陽戦では長くプレーをすることができました。赤木から「もっと慎重にプレーしろ」とだけ言われていたら、**同じように早い時間に退場していたかもしれません**。

なぜ、桜木はミスを改善することができたのか。その仕組みを車にたとえて考えてみましょう。

ここに一台の自動車があります。この自動車は電気系統に問題があり、すぐにライトがつかなくなったり、バッテリーが上がったりします。そんな自動車に対して、どのような対処をするでしょうか。

ライトがつかなくなるたびに、ライトを交換する？　バッテリーが上がるたびに、新しいバッテリーに買い換える？　いいえ、そうではなく、

「この車のもっと根本的な部分に、電気系統が故障しやすくなる理由があるのでは？」

と考え、故障の原因を探すはずです。

これは部下を育てるときも同様です。部下が**同じミスを繰り返しているのならば、「どのようなタイミングでミスが起きているのか」**を考えてみてください。

「仕事を複数人から任されるとミスをする」という部下であれば、**「同時に二つのことをこなすことが苦手」**という可能性があります（これを専門用語では**「シングルタスク」**と言います）。複数の物事を

同時処理することが苦手な方ならば、一度に指示を与えず、紙に書いて『後でこれをやって』というように工夫するだけでも効果があるかもしれません。

あるいは、注文書や契約書などを作る際に誤字脱字が多い人は、**「大量の情報から、必要な部分を抜き出すことが苦手である」**、もしくは**「細かい文字を読むこと自体が苦手である」**という可能性もあります。このような人は単に「怠けている」「注意力散漫」なのではなく、視覚認知そのものが苦手なのかもしれません。

もしそうなのであれば、

「時間がある時にゆっくり声に出しながら確認するようにうながす」

「クリアファイルにスリットを入れ、『間違えやすいところ』だけが見えるようになるチェックファイルを渡す」という方法もあります。

他にも、「スケジュールに書かれたことを見落とす」という人であれば、「『スケジュールを見ること』が習慣化していない」という可能性があります。

こうであれば、毎日スケジュールを見たか確認し、さらに「その日のスケジュールで大事なことを『どのように』理解したか」を尋ねる方法もあります。

……しかし、ここまで読んで、

「**あたりまえのことじゃないか。**そんな原因分析くらい、言われなくてもやっている。バカにするな！」

と思った方も多いことでしょう。

そのような方は、この「ミスが起きた原因分析」からさらに一歩進んで、**「ミスが起きなかったのは、どんな状況だったか」**も併せて考えてみてください。人間、**『ミスを起こす原因』は考えるものですが『ミスを起こさない原因』は意外と見落としがち**なものです。

「社内が静かだった時は、ミスをしなかったな」

「そう言えば、○○さんにチェックしてもらった時には不備はなかったかも」

「出張中は、スケジュールをすっぽかすような真似はなかったな」

という共通点が見つかれば、大きな前進です。このような**「ミスがなかった瞬間」**がどのような理由で起きたのかを見つけることができれば、更に部下の支援方法を見つけられることでしょう。

活用術のコツ

同じミスを繰り返す部下は「根底にある苦手さ」を見つけることが重要になる。しかし、原因分析は誰でもやっているもの。部下を伸ばしたいのであれば、単にミスが起きた時だけでなく「ミスが起きなかった時」の原因分析も行う。

【桜木花道タイプの活用術―⑤】

飽きっぽく長続きしないタイプ

〜ジャンプコミックス『ＳＬＡＭ ＤＵＮＫ』22巻より〜

「毎日15分英語の勉強をする！」「ダイエットのために毎日ジョギングをする！」といった目標を立てても、すぐに飽きてしまって長続きしない人がいます。熱しやすく冷めやすい人、物事が長続きしない人のやる気を持続させるにはどうすればいいのでしょうか。その方法を見てみましょう。

先の陵南戦で見事勝利を決めた湘北チーム。

勉強合宿が終わり、インターハイまで残すところあと10日。湘北チームは１週間の合宿に向かうことになりました。

その一方、湘北の体育館には桜木花道と安西先生の姿がありました。

安西先生は桜木を合宿に参加させて、中途半端にチーム練習させるよりも、徹底した個人練習をさせた方が伸びると考えていました。そこで合宿の引率は鈴木先生に頼んで、学校に残ったのです（三井は安西先生にマンツーマンで指導してもらえる桜木を羨ましがっていました）。

置いてけぼりにされた桜木は、当然ですが「道楽に付き合ってられない」と不満に思います。

そんな桜木を見て、安西先生はシュート対決で「君が勝ったら合宿に参加してもいい」と提案します。

その提案を受け入れた桜木。しかし、安西先生は10本中9本を決めるという、すさまじい記録を出しました。一方の桜木は10本中0本というありさまでした。

安西先生は、過去の記録から桜木が「ゴールに近い位置のシュートしか決めていない」ことを指摘。これを逆手に取り、この短期間でシュートを決められるようになったら相手はおおいに驚くだろう、と声をかけました。

「オヤジ……何をやったらいいんだ？」

そう尋ねる桜木に安西先生は、

「シュート2万本です」

と伝えます。これに対して桜木は、

「2万で足りるのか？」

と余裕の返答をします。

その後、水戸洋平ら桜木軍団の協力もあり、2万本のシュート練習を無事達成。

インターハイの緒戦でも、この練習したシュートが見事炸裂し、湘北を勝利に導きます。

※　※　※

物事が長続きしない人の場合、最初のうちはがんばれていても、すぐに飽きてしまうことがあります。このような人のヤル気を引き出すには、**目標として「具体的な数値」を出すことが重要**になります。今回ご紹介したエピソードでは、安西先生は桜木に「シュート2万本」という、**具体的かつわかりやすい目標**を出していました。

もしこのような目標を出すのではなく、

「できるだけたくさん打ってください」

といった指示を出していた場合はどうなったでしょうか？

飽きっぽいところのある桜木ですから、いつまで続けたらいいのかわからなくなって、途中でシュート練習を投げ出したり、続けたとしてもダレてしまった可能性があります。

「シュート2万本」は、そんな桜木の性格や特徴を把握した、安西先生ならではの指示だったと言えるでしょう。

集中力が続かない人には、このように「具体的な指示を出す」ことが不可欠ですが、その際に注意したいのが、「ダラダラと長時間やってもらう」のではなく、**「短時間でビシッとやってもらう」**ということを意識することです。

たとえば、データ入力の仕事があったとします。

それを長時間集中力を持続させることが苦手な部下に頼むとき、

「今日中にデータをすべて入力してくれ」

と頼むとダラダラと仕事をしてしまうおそれがあります。そうではなく、

「まずは10枚入力したら報告してほしい」

といった指示を出したらどうでしょうか。少なくともその10枚に関しては、ダレることなく作業をすることができるはずです。

長時間の単調な作業は苦痛ですが、同じ作業でも短時間で区切ると、意欲を持続させて作業をすることができます。進捗状況をチェックするときは、**相手の行動を具体的にほめるようにするとさらに効果があがります**。そのときは、

「よくがんばったな。ありがとう」

と声をかけるよりも、

「この『合計欄』は見落とすことが多いけど、君はしっかり確認しているんだな。1枚1枚チェックしてくれて助かるよ」

などと具体的にほめれば、相手も単調な作業であっても「自分なりに工夫しよう」と思い、飽きがくることも減ってくるはずです。

また、そうやって具体的にほめて、相手のプライドをくすぐることで、

「俺は本当は、こんな仕事をするような人材じゃない！」

という気持ちを軽減できる効果もあります。


また、飽きっぽい人に単調な作業をやってもらうときは、**「ゲーム感覚で取り組んでもらう」**という方法も有効です。

たとえば、子どもに対して
「早く服を着替えなさい」

と言ってもなかなか言うことを聞いてくれないものです。

しかし、そんなときに
「どっちが早く服を着替えられるか競争しよう」

などと言うと、急にヤル気を出して着替えてくれることがあります。

大人の場合はそれほど簡単にはいきませんが、単調なデータ入力をしてもらうときは、

「この１ヶ月で書類のミスが一番多かった人が、一番少なかった人に缶コーヒーをごちそうする」

「１００枚の入力を終えたタイムと、ミスの数を毎回グラフや表にしてみる」

といった方法をとると効果的です。

グラフや表を作成する手間はかかりますが、自分の記録が書かれた表を見て、

「自分ががんばってきた証」

「自分が成長している証」が目に見えてわかるようになるということは、本人にとって非常に大きな心の支えになりますし、自信にもつながり、結果的にそれが仕事を長続きさせる要因にもなります。

「集中力が続かないなら、具体的な目標を出し、作業を短時間で区切る」
「飽きやすい課題に関しては、進捗状況の確認の際に具体的にほめる」
「ゲーム感覚で取り組むことができ、努力が目に見えるような工夫をする」

これらはあくまで一例ですが、組み合わせて、効果的に用いることで集中力が続かない人、飽きっぽい人の行動を改善させていくことができることでしょう。

活用術のコツ

飽きっぽくて長続きしない人に対しては、課題の出し方を工夫する。「ダラダラを防ぐために作業時間を具体的に決める」、「達成できたことを具体的にほめる」、「ゲーム感覚で取り組めるように課題の出し方を工夫する」といったことをすると、本人のやる気を保たせることに繋がる。

【桜木花道タイプの活用術―⑥】

人の意見を聞かないタイプ

～ジャンプコミックス『ＳＬＡＭ ＤＵＮＫ』30巻、31巻より～

こちらがどんなに指示を出してもきちんと聞いてくれない、善意から言葉をかけても受け入れてくれない。そんなタイプの人を部下に持つと非常に悩んでしまいます。そうしたタイプとうまく付き合うためには、まず自分の内面を相手に見せることが有効な手段になります。

時はインターハイの２回戦。

湘北チームは、前年度のインターハイ優勝校・山王工業と熱戦を繰り広げていました。

残り時間は約２分で、点差は８点。湘北はなんとか追いつこうと、必死の攻撃に出ます。

そのとき、ボールがコートの外に飛び出しそうになりました。ここで攻めの流れが途切れてしまうと、逆転をすることが難しくなります。

そこで飛び出したのが、桜木花道でした。

桜木は無我夢中でボールに飛びつくと、机にダイビングしながらもコートに戻します。

「いい仕事したぜ。下手なりに」

普段は桜木のことを「どあほう」と評する流川も、桜木の活躍を認めてくれました。

しかし、このダイビングの代償は決して小さくありませんでした。机に打ち付けたことで、桜木の背中には、次第に強い痛みが現れるようになってきました。味方はおろか、山王チームにまで、「無理はいかんぞ赤坊主…」と心配されるような状況の中、ついに桜木は倒れてしまいます。

それでも立ち上がった桜木を見て、安西先生は、

「桜木君……白状します。君の異変にはすぐに気づいていた……気づいていながら君を代えなかった……代えたくなかった。どんどんよくなる君のプレイを見ていたかったからだ……。指導者失格です。あと少しで一生後悔するところでした…」

と、交代させようとします。

しかし、桜木は安西先生のアゴをひっぱると、

「オヤジの栄光時代はいつだよ…、全日本のときか？　オレは……………オレは今なんだよ!!」

と言って、断固たる決意とともにコートに戻っていきました。

桜木のそんな態度に安西先生も納得したのか、彼をそれ以上止めようとはせず、終了18秒前まで交代の指示を出しませんでした。

※　※　※

この場面もまた、桜木花道を代表する名シーンですよね。

さて、もしも安西先生があのシーンで自分の気持ちを伝えず、

「君はケガをしたんだから交代です」

とだけ言っていたらどうなったでしょうか。

桜木は、自分の「試合への思い」を安西先生に伝えることはできなかったかもしれません。

また、桜木があの場面で自分の「試合への思い」を伝えなければどうなったでしょうか。おそらく安西先生は桜木の気持ちに気づかず、強引にドクターストップをかけていたことでしょう。

このシーンでは、最初に安西先生が自分の思いを伝えたからこそ、桜木もまた思いを伝えることができました。そして、安西先生は桜木の意見を聞き入れる形になりました。

このエピソードからわかるように、**人に意見を聞いてもらうためには、お互いがお互いの気持ちを理解しあうことが必要です。**そして、それには**「自己開示（自分に関する情報を相手に伝えること）」**が非常に重要な要素になります。

部下が自分の話を聞いてくれないという場合、その原因としてよくあるのが、この「自己開示」の不足です。**「部下だったら、こちらの言うことを聞いて当然」と思うのは上司の傲慢**です。上司の側から自己開示をして、部下が話を聞きやすい状況を作ってあげる必要があります。

部下にあれこれと口を出す背景には、自分自身が過去に経験した失敗などがあるはずです。

しかし、そのことを話していないなら、部下は知らないのが普通です。

したがって、善意のつもりで忠告したことでも、

「この上司は、自分が面倒に巻き込まれたくないから、あんなことを言っている」

などと誤解されるかもしれません。そうならないためにも普段から自己開示を心がけるのが重要です。

ただし、自己開示をする際には注意したいことがあります。それは、

「自己開示をしているようで、その実、**相手には自分の『見てもらいたい一面』しか見せていない**」

という状況に陥らないことです。

ここで、ひとつ例を出してみましょう。

あなたは仕事で失敗をして落ち込んでいたとします。そのとき、２人の上司が声をかけてきました。

Aさん「そうか。それは辛かったね。僕も20代の時には似たような失敗をしたことがある。得意先を怒らせて、部長に大目玉をくらったんだ。あの時は1週間は立ち直れなかったな。すぐに元気を取り戻すのは難しいだろうから、今日は定時で上がってゆっくり休んだらどうかな」

Bさん「そうか、それは辛かったよね。僕も昔、似たようなミスをしたことがあってね。でも、それをバネにがんばったんだ。来る日も来る日も上司と対立ばかりしていたけれど、結果的には僕

のやり方が認められて、その上司のポストに僕が就くことになったんだ」


さて、ＡさんとＢさんの発言を聞いて、どちらがより嬉しく感じるでしょうか。

大部分の方はＡさんと答えるはずです。

発言を分析してみると、Ａさんは過去の失敗談を開示し、あなたに共感しています。一方のＢさんは最初こそ過去の失敗談を語っていますが、最終的には単なる自慢話になっています。

Ｂさんのように『部下に自分の弱みを見せたくない』という思いから、

「昔はダメだったけど、今は優秀な自分」

という側面ばかり見せたがる人は意外に多いものです。そうした傾向のある人でも、『失敗体験を語ると親睦を深められる』こと自体は経験則の中で理解しているのかもしれません。しかし、**それを実行することをプライドが邪魔してしまうために、途中で話を変えて『自慢』にしてしまうのでしょう。**

もし、このような受け答えばっかりしていたら、

「あの人に話をしても、自分の自慢しか返ってこない。だから、あまり話はしたくないな」

と思われかねません。そのため自己開示を行うときには、

「相手ががんばっていることを認めつつ、自分の失敗体験を気取らずに伝えること」

を大切にすると良いでしょう。

また、これに加えて大事なことは「あくまで『自分が部下を大切に思っている気持ち』が部下に伝わ

るようにすること」です。もしも部下が得意先を怒らせてしまった時に、

「君はそんなつまらないことで相手を怒らせたのか！」

と叱ったら部下はどう思うでしょうか？　……おそらく部下は「自分の気持ちをこの人はわかってくれない」と考えることでしょう。

ただ叱るだけで終わらせるのではなく、部下が失敗の事実を受け入れたら、

「そのせいで得意先が君のことを誤解してしまったとしたら、私は悲しいな」

などと〝私〟を主語にして自分の気持ちを伝えます。そうすれば部下は、

「もしかしてまずいことしちゃったかな……」

と、こちらの言うことを受け入れやすくなるものです（**このように『私』を主語にすることを『アイ・メッセージ』と言います**）。

活用術のコツ

相手が話に耳を傾けてくれないのは、こちらの気持ちを誤解しているからかもしれない。そうした部下と接する場合は、まず自己開示をして自分を理解してもらった上で、「アイ・メッセージ」を行い、部下のことを大切に思っていることを伝えることが重要である。

【第2章】

流川楓タイプの活用術

作中屈指の人気キャラの流川楓は「孤高の天才タイプ」。ときに「個人プレイ」に走り過ぎると評されますが、そのプレイは華麗で親衛隊ができるほど魅力があります。そんなクールな外見とは裏腹に実は彼は直情的でケンカっぱやく、しかも並外れた「負けず嫌い」な性格。彼の口癖は「どあほう」で他者とあまり積極的にコミュニケーションを取りませんが、その実、仲間思いのところがあって作中何度も桜木をフォローしています。そこで、彼のように、

- **負けず嫌いなタイプ**
- **攻撃的な態度を取りやすいタイプ**
- **口調などから誤解されやすいタイプ**

などを流川楓タイプとして、このような部下への対応を解説します。

【流川楓タイプの活用術―①】

負けず嫌いで言われたら言い返すタイプ

～ジャンプコミックス『SLAM DUNK』3巻より～

たとえば、顧客からのクレーム対策のとき。明らかにこちらが謝罪すべき場面であるにもかかわらず、「だけど○○じゃないですか」などと、言い返してしまう人がいます。そういう負けず嫌いな人に冷静に対応してもらうには、どう声をかければいいのでしょうか。その方法を紹介しましょう。

入部して以来、問題ばかり起こしていた桜木花道でしたが、ようやくバスケットマンとしての自覚を持ち始めたのを見て、赤木は安西先生にシュート練習をさせてはどうかと提案します。

それを聞いた桜木は大喜び。

最初に練習するのは、シュートのキホンであるレイアップシュート。

しかし、桜木は手本を見せたのが流川であったことが気に食わなかったのか、赤木の指示を無視してスラムダンクを打とうとします。

「ハルコさんの前でそんなダセーことやってられっか!!　スラームダーンク!!　とう!!」

そういって飛び上がる桜木でしたが、

「このバカタレが!!」

と堪忍袋の緒が切れた赤木に後頭部にボールを叩きつけられてしまいます。

その後、大人しくレイアップシュートの練習を始めるも、１本も決めることができない桜木。一方、流川は当たり前のようにシュートを華麗に決めていきます。

「庶民のシュート（桜木は、レイアップシュートをこう呼んでいる）もできんようじゃダメだな」

と赤木は皮肉を言いながら、流川楓にもう一度手本を見せるように指示します。

しかし、これが我慢できなかった桜木。

「手がスベッタ」

と２回も流川にボールをぶつけます。これには流川も頭にきたのか、

「手がすべった」

と反撃。あわや大ゲンカ……と思いきや、木暮の仲裁もあって桜木が素直に謝ります。

「おいルカワ…。ワルかった。シュートがうまくいかなくていらいらしていたんだ…スマン。もう一回お手本を見せてくれよ。ドリブルシュート」

……しかし、ここで終わらないのが『スラムダンク』。流川が見本を見せようとゴールに向かうと、

桜木はボールかごを掴み、

「おっと体全体がすべったあ!!!!　ハーハハハハ、バカめルカワ！　くらえオラァ!!」

と流川にぶつけます。こうなってはもう収拾がつきません。

桜木と流川は大ゲンカし、その日はもう桜木はシュート練習をさせてもらえませんでした……。

※　※　※

流川楓は作中で随一の負けず嫌いの人物です。

特にライバルとの戦いでは、勝利への並みはずれた執着心を発揮し、ときには犬猿の仲である桜木花道との共闘も辞さない態度を見せます。

流川楓のプレイは個人技が中心ながらも美しく、周りを勇気づけるものがあり、湘北チームの大きな武器になっています。

しかし、彼のように才能があるならともかく、**ただの「負けず嫌い」だけでは、職場でうまくはいきません。**

ビジネスの場では、人間トラブルがつきものです。

仕事を巡って取引先や顧客とトラブルになった、あるいは、なりかけたという経験は誰もが持っていることでしょう。

そんなときに、

「こちらは事実を言っているだけです」

などと主張し、いつまでも主張を譲らず、

「ですけど、それはそちらの都合でしょう！」

などとエキサイトしては、相手をますます怒らせるだけです。

もし、身の回りにそんな〝負けず嫌い〟の部下がいたらどう対処すればいいのでしょうか。


〝負けず嫌い〟の部下に対処するとき、最初に考えるべきは〝クールダウン〟です。

人間はトラブルに陥ると、ついパニックになったり、興奮してしまうものです。

それは、取引先とトラブルになりかけている部下だけでなく、それをうまく収めようとしているこちら側も同じです。**お互いが興奮したままでは、話はなにも進まず、結局のところただ怒鳴り合うだけで終わってしまいます。**

トラブルの原因となった問題はなんなのか。

どのように対処すれば、その問題を取り除き、トラブルを解消することができるのか。

まずは頭をクールダウンして、冷静に話を聞くことが重要なのです。

そして部下がある程度落ち着いたら、

「なぜあんなことを言ったのか」

と、感情的にならずに訊ねましょう。

実際に、桜木も流川を妨害した理由について、

「シュートがうまくいかなくていらいらしていたんだ」

と言ったおかげで、流川楓を含めた一同は納得し、その場はいったん収まりかけています。

取引先とトラブルになりかけているということは、**部下にも何らかの考えがあったはずです。**

ひょっとするとその部下は、取引先のことを思いやり、

「本当のことを言っておかないと、後でお客さんの方が困るかもしれない」

と考えている可能性がありますし、

「本当のことを言うことは悪いことではない」

と考えている可能性もあります。

そうした心情に気づかず、感情的に「お前、なにを言っているんだ！」と叱れば、

「この上司は、本当は客先のことよりも、場を丸く収めることしか考えていない」

と思われてしまったり、

「自分が怒られるのはおかしい」

と反発を招くことになりかねません。理由を尋ねるのは大切なのです。

……とはいえ、**その部下が自分の考えをスラスラ言えるほど器用な人ならば、そもそもトラブルを起こしたりはしていないでしょう。**

そうした部下の心情を知るには、あらかじめいくつか仮説を立て、

「◯◯という考えから、主張を譲らなかったのか？」

「◯◯なことが許せなかったのか？」

などと訊ねて、部下が話しやすい環境をつくることが重要です。

そして話を聞いたら、

「相手がどうして怒ったのか」

「今後どうしていくべきか」

ということを一緒に考えていくことができれば、部下の対人トラブルも減っていくことでしょう。

活用術のコツ

もしも部下がトラブルを起こしたのであれば、こちらと相手の興奮が冷めるのを待ってから、冷静に話を聞くことが大事。また、その際にも相手が「どのような意図を持っていたのか」を冷静に聞き、関係づくりをしてから善後策を考えることが重要になる。

【流川楓タイプの活用術――②】

攻撃的な表現をしてしまうタイプ

～ジャンプコミックス『SLAM DUNK』7巻より～

世の中には、やたらと攻撃的になってしまう人がいます。ささいなことで腹を立ててしまったり、イライラを他人にぶつけてしまったり……。そういうタイプには、相手の意見を尊重しつつ自分の意見も伝えることができる「アサーティブな自己表現」を教えてみましょう。

湘北がいつものように練習をしていたある日。

「ダン」

という音と共に体育館に土足で乱入した者たちがいました。

彼らは三井寿率いる不良グループでした。

宮城が「ここは大切な場所なんだ」と帰るように頼みますが、

「バカかお前は。オレはな、それをブッ壊しに来たんだよ」

と三井は煙草の火をボールに押し当てます。

そんな三井めがけて、真っ先にボールを投げつけたのは流川でした（命中したのは隣の男でしたが）。

「ちっ、はずれた」

と言い放った流川の挑発が効いたのか、三井たちは宮城たちに暴力を振るい始めます。

ここでやり返せば暴力事件に発展し、最悪の場合、バスケ部は廃部になるおそれもあります。それをわかっているため、宮城たちはただ殴られるのを耐えています。それをかさにきて、好き放題してくる三井たちに、桜木は怒りのあまりモップをへし折ります。

……しかし、そこで殴りかかろうとした桜木を止めたのが、安田（2年生の湘北部員。宮城がくるまでは彼がポイントガードのポジションだった）でした。

彼は桜木を止めると、

「頼むから帰って下さい…お願いします！　試合が近いんです。今年はいい新人も入ったし、リョータも戻ったし、もしかしたらいけるかもしれないんです。全国に…。今出場停止になったら…。お願いです、帰って下さい。お願いします」

と必死の説得をします。しかし三井は耳を貸さず、安田を思いっきり殴りました。

「許さん」

流川が三井の前に立ち塞がります。それを見た竜（三井が連れてきた不良の一人）が流川を殴りつけると、ついに流川が反撃を始めます。

それが口火となり、暴力事件に発展していきました……。

※　※　※

原作を読んでいるとわかるのですが、流川はクールな外見に寄らず（特にコミックス序盤では）非常に血の気が多いところがあります。

コミックス1巻では、

「何人たりともオレの眠りを妨げる奴は許さん」

と言って蹴り飛ばした相手をボコボコにしましたし（その後、晴子さんに冷淡な態度を取ったため、桜木ともケンカになります）、このシーンでも三井が乱入した際、真っ先に暴力を振るってしまいます。

現実世界に流川のようなケンカっ早い部下がいたら大問題ですが、多かれ少なかれ、攻撃的な態度に出てしまう人というのはいます。そういう人を理解するには、まずは人間の表現方法の種類を知ることが第一歩になります。

人間が自己を表現する方法には大きく分けて次の3つのパターンがあります。

1、非主張的な自己表現

２、攻撃的な自己表現
３、アサーティブな自己表現

「アサーティブ」とは簡単に言うと「相手の意思も尊重しつつ、自分の気持ちを伝えること」です。

しかしこれだけ見ても、それぞれの自己表現がどういう意味かわかりにくいことでしょう。

そこで一つの例を出してみます。

あなたは残業を終わらせて家に帰ろうとしました。実は今日は家族の誕生日。すでにプレゼントも用意しています。後は帰りに誕生日ケーキとシャンパンを買って楽しくすごそう！　そう思っていた矢先に上司から、こう言われます。

「悪いけどこれから仕事を頼むよ。どうせヒマなんだろ」

さて、あなたはどう答えるでしょうか？

①「……はい、わかりました」と残業を承諾し、家族に謝りの電話を入れる。

②「ヒマじゃありません！　これから家族の誕生パーティーです！　たまには定時に上がったっていいでしょう？」と怒り出す。

③「急ぎの仕事なんですよね？　仕事をしたいのは山々なのですが、今日は家族の誕生パーティー

なので帰りが遅れるのは辛いです。明日、早く出社して朝9時までには終わらせるので少し待っていただけないでしょうか。焦らず取り組めるので、その方が質が高いものを作れます」

いかがでしょうか。この表現の中で①が「非主張的」、②が「攻撃的」、③が「アサーティブな自己表現」になります。

実は、これらの対応には、**「これが正解」というものはありません。**

今回取り上げた『スラムダンク』のワンシーンを思い出してみればおわかりかと思いますが、たとえ③の「アサーティブな表現」を使ったとしても、暴走する三井を止めることはできなかったでしょうし、桜木たちが反撃しなかった場合、どのような結果になっていたか想像もできません。

しかし、あのシーンを見たとき、もっとも〝大人な対応〟をしていたと感じられたのは、一番冷静に説得を試みた安田や、最後まで手を出さなかった木暮だと思います。

「相手を尊重し、自分の意見を伝える」というアサーティブな表現は、必ずしも問題を解決する効果があるわけではないですが、自分を殺さず、社会と円滑にやっていくためには有効な表現方法です。

一方、攻撃的な表現をしがちな人というのは、言い換えれば**無意識に「攻撃的な自己表現」ばかり選択してきた**……つまり、「攻撃的な自己表現」しか知らないおそれがあります。そうした人に「アサーティブな表現」を教えれば、攻撃的な自己表現を減らす助けになるかもしれないのです。

とは言っても、ことはそう単純ではありません。

「相手のことを思いやりながら話をしろ」

と部下に話して実践してくれるならば、なにも苦労はありません。アサーティブな表現を部下に教えるときも、あいまいな表現は避けて、具体的に伝えることが重要です。

アサーティブな表現を行う技法のひとつに**「DESC法」**があります。

D（Describe）……相手の行動を客観的に述べる（動機は述べない）
E（Express）……自分の感情を表現する（ただし、穏やかに言うことがポイント）
S（Specify）……相手に行動を変えることをお願いする（過大なお願いにならないようにする）
C（Choose）……それで相手が得られるもの、失うものなどについて話す

という４つの法則をもとに会話することです。

先ほどの会議の事例では、

「急ぎの仕事なんですよね（「Describe」）？　仕事をしたいのは山々なのですが、今日は家族の誕生パーティーなので帰りが遅れるのは辛いです（「Express」）。明日、早く出社して朝９時までには終わらせるので少し待っていただけないでしょうか（「Specify」）。焦らず取り組めるので、その方が質が高いものを作れます（「Choose」）」

となります。

このような方法をうまく使えば、相手にも、

「ああ、だから今日は早く帰りたいんだな。まあ、それなら明日の朝でも大丈夫か」

と考えてもらえることで、お互いがストレスなく過ごせるようになるでしょう。

このＤＥＳＣ法は、部下に教える以外にも、あなた自身が、

「言いたいことが言えない」

「言いたいことを言うと、周囲のひんしゅくを買ってしまう」

といった悩みを持っている場合も有効です。ＤＥＳＣ法の４つの要素を意識して話せば、同じ内容を伝えるのであっても受け手の印象を和らげることができます。ぜひ実践してみましょう。

活用術のコツ

攻撃的な表現をついやってしまう人は、「攻撃的な表現方法」ばかりを無意識に選択してしまっているとも考えられる。そうした場合は「相手の意思を大切にしつつ、自分の気持ちを伝える」という表現方法「アサーション」を使えば、相手に与える印象を変えることができる。

【流川楓タイプの活用術――③】

上から目線と誤解されやすいタイプ

～ジャンプコミックス『ＳＬＡＭ ＤＵＮＫ』15巻より～

ほめていることはわかるのですが、年下の部下などから「結構すごいですね」「なかなかやりますね」など上から目線な物の言われ方をすると、なんとなく嫌な気分になります。しかし、発言した側は案外自覚がないもの。上から目線に聞こえるモノの言い方は、どうすれば改善させることができるのでしょうか。

時は、海南戦。試合終了間近、２点差まで迫った湘北チームは、三井の３ポイントシュートに逆転の望みを託します。

しかし、シュートは海南の清田選手のブロックに遭って失敗。

リバウンドをすかさず桜木が奪います。

残り時間６秒、桜木は赤木にパスを送ります。が、パスした相手は赤木ではなく、敵チームの高砂選手……。結局、そのパスミスにより逆転の可能性は消え、湘北は敗れてしまいます。

このミスに落ち込む桜木は、ひとりボールを抱えて部室に座り込んでいました。

そんな中、突如あかりが付き、流川がやってきます。何も言わずに部室を出ようとする流川に桜木は、

「性格悪いてめーがオレのミスに何も言わねーとはおかしい‼」

と食って掛かります。それを呆れて無視する流川。その後を桜木が追いかけます。

場所は変わって体育館。流川は桜木に「うぬぼれんな、どあほう」と言い、

「昨日のてめーは実力の何倍もの働きをした。（中略）てめーがミスやらかすことぐらい最初から計算に入ってた。別に驚きゃしねえ。お前の実力はまだそんなもんだ。お前のミスが勝敗を左右するなんてことはねー」

と一言。これには桜木も怒りますが「コイツを鉄拳でぎゃふんといわしても意味がねー‼　コイツはバスケでぎゃふんといわせねーと意味がねーんだ‼」と思いとどまります……が、拳を止めたところに流川のカウンターが命中。結局、２人はケンカをしてしまいます。

お互いがボロボロになった後に流川が一言、

「負けたのはオレの責任だ…オレのスタミナが最後まで続いてれば…昨日は勝ってたハズだ」

この発言に桜木はうぬぼれるなとキレ、お互いに「オレのせーだ」「イヤ、オレだ」と言いながらケンカを再開。これによって吹っ切れたのか、桜木は翌日坊主頭にして部活に戻ってきます。

※　※　※

流川は三井からも、

「普段はクソ生意気でにくたらしくて無口で無愛想で生意気で無口な野郎」

と評されるように、作品きっての〝生意気キャラクター〟です。

しかし、桜木が倒れた時などに真っ先に叱咤しているのは彼です。

陵南戦でも山王戦でも、彼の発言に発奮して桜木が活躍するシーンがいくつもあります。

また、今回取り上げたシーンでも、流川は桜木を責めず、海南戦の敗因は自分にあったと自ら非を認めています。そう、流川には仲間を責めず、自分に厳しい一面もあるのです。

では、なぜそんな一面のある流川は、作中屈指の「生意気キャラ」とのイメージがあるのでしょうか。

その理由は、

「いつも個人プレイばかりする」

ということもそうですが、それ以外にも、

「表現の方法が誤解されやすい」

という理由があるからでしょう。

たとえば、桜木に対して言った先ほどの一連の発言を思い出してみてください。

「お前の実力はまだそんなもんだ」などというキツイ言葉も入っていますが、要約すれば、

「昨日のお前は期待以上にがんばってくれた。そんなお前のミスよりも、自分の体力切れの方が、ずっ

と大きな負けの理由だ。だから気にするな」ともとれるわけです。しかし、表現方法が通常とはちょっと違っていたために、結局、ケンカになってしまったのでした。

周りから「上から目線」と言われる人もまた、**「表現方法」が苦手なために誤解されている**ケースがよくあります。

「上から目線＝自己中心的」というわけではありません。**本人の自覚がないまま、不適切な表現方法をしてしまっているだけ**なのかもしれないのです。

「上から目線」とされる人の中によくいるのが、「評価的な表現方法」をしてしまう人です。

たとえば、あなたが手作りのクッションを部下にプレゼントしたとします。そのとき部下が、「へえー、これは3000円くらいの価値がありそうですね」などと言ったらどう思うでしょうか？　見下されているみたいで、嫌な気分になりますよね。

こうしたほめ方をする人は、本人からすれば「普通にほめているだけ」であり、とくに悪気はないのかもしれません。しかし、このような**「評価的な表現」をする人はどうしても「上から目線」と誤解されてしまいます。**

ほかにもよくある「上から目線」「偉そう」に見られる要因としては、

・**「○○の部分が凄いけど、○○の部分はもう少しですね」などの『評論口調』**
・**「けっこうすごい」「なかなかやりますね」などの『ほめ惜しみ』**
・**「すごいっすね」「へえ、なるほど」などの『若者言葉』**
・**「大丈夫です」と無表情に言ってしまう『表情を作ることの苦手さ』**
・**いきなり「今度の会議ですが休みます」と言ってしまう『前ふり飛ばし』**

などが挙げられます。これらを見て、

「それくらい常識で考えればわかることじゃないか」

「みんなの真似をするうちに自然に理解できるものだよ」

「表情なんて別に、意識しなくとも自然に出てくるでしょ」

と思う方もいることでしょう。

しかし、これが必ずしもできる人ばかりではありません。**これらの「上から目線」に見られる言動のほとんどは、本人に自覚がないもの**です。

このような言動が多い部下への対処法は、**「パターン」や「ルール」を一つ一つ伝える**ことです。

たとえば、『評論口調』で話す部下には、

「解説はしなくていいから、いいと思ったことを肯定的に伝えてみること」

を約束させる。

『前ふり飛ばし』をしてしまう人には、

「まずはあいさつ。その後に前ふりとなる言葉を入れてから本題に入ること。そして話を聞いてもらったらきちんとお礼を言うこと」

をルールとして伝えることが重要になります。


彼らはプライドが高いから「上から目線」の発言をしているのではなく、「ルールを知らないから誤解されている」のかもしれません。もしそうであるなら、彼らに必要なものは叱責よりもむしろ『ルールの説明』です。

たとえば、スポーツを想像してみてください。

サッカーでいうオフサイドは、ルールを知らないとまず行ってしまう反則です。

そのようなミスをした人に対して、

「常識で考えれば、それはダメだろ！」

と叱っても本人は「常識って何だ？」と混乱するだけですし、同じミスを繰り返してしまう可能性があります。それよりも、

「サッカーでは、◯◯な状況になると〝オフサイド〟という反則になるんだよ」

などと、わかりやすくルールを説明した方がよほど再発防止になります。

このように**「叱責ではなく、具体的なルールを伝える」**ということこそが、コミュニケーションの世界で部下が求めている支援になるでしょう。

流川は決して単に無愛想で嫌なだけの人ではありません。

憎まれ口を叩きながらも、本人なりに桜木を認めており、不器用ながらもそのことを桜木自身に伝えています。だからこそ、桜木も立ち直り、部に復帰することができたのかもしれません。

流川のように、**一見すると「上から目線の嫌なヤツ」に見える部下でも、本当はすばらしい内面を持っている**可能性があります。その点を理解してあげることが、上司の理想の行動になるでしょう。

活用術のコツ

上から目線に見える人に対しては「偉そうに見える原因」を見つけ出し、その原因を軽減できるような「ルール」を具体的に伝える。本人には自覚がない場合があるので「常識で考えろ」といった考えは捨て、本人にわかりやすい言い方をすることが重要である。

【流川楓タイプの活用術──④】

独断専行して大失敗してしまうタイプ

〜ジャンプコミックス『SLAM DUNK』21巻、22巻より〜

物事を自分勝手に進めておきながら、ニッチもサッチもいかない状況に陥り、「どうしたらいいでしょうか？」などと泣きついてくる……。あなたの周りにそんな人物はいないでしょうか。ビジネスの場では独断専行は禁物。物事を勝手に進める傾向のある人の対処法を紹介します。

インターハイの神奈川県予選が終わってから1週間が経ったある日のこと、流川が安西先生の自宅を尋ねました。

「アメリカに行こうと思ってます」

流川は突然、そんなことを言い出します。

アメリカといえば、バスケットボールの本場。バスケットの実力を磨くために、本場で学びたいと考えたようです。

しかし、安西先生は反対します。

「とりあえず…君は日本一の高校生になりなさい。アメリカはそれからでも遅くはない」

納得できない流川でしたが、先生の奥さんに車で送ってもらうことになりました。

その車中、奥さんは先生の意外な過去を語ります。

いまでこそ仏のような安西先生ですが、大学で監督をしていた頃はスパルタで知られ、選手に厳しい練習を課していました。そのなかでもとりわけ厳しく接していたのが、谷沢という選手です。

「お前なぁんか勘違いしとりゃせんか？　お前の為にチームがあるんじゃねぇ。チームの為にお前がいるんだ‼」

しかし、この言葉は谷沢に対する期待の裏返しでした。谷沢の才能を認めていたからこそ、厳しく当たっていたのです。

しかし、谷沢はそんな先生に不満を持ちました。そして突然練習にこなくなったかと思うと、アメリカに留学してしまいました。

彼が留学してから1年後、先生のもとに1本のビデオテープが送られてきました。

そこに映っていたのは谷沢でした。その様子を見た安西先生は、

「まるで成長していない……」

と戦慄します。このままでは彼がダメになると思った安西先生は、彼と仲が良かった学生に連絡先を聞いて電話をするなど、八方手を尽くしましたがついに連絡はつきませんでした。

そして彼が渡米して5年目の朝。

安西先生の眼に、谷沢が自動車を120キロで運転していて事故死した（新聞記事では薬物の使用を匂わせる記述までありました）という新聞記事が飛び込んできました。

そして彼の墓参りに行くと、谷沢の母親がそこにはいました。

彼女が持っていた手紙は、4年前のもの。そこには、

「（前略）ここでは誰も僕にパスをくれません。

先生やみんなに迷惑をかけておきながら、今おめおめと帰るわけにはいきません。

いつか僕のプレイでみんなに借りを返せるようになるまで、頑張るつもりです。

バスケットの国アメリカの――その空気を吸うだけで僕は高く跳べると思っていたのかなあ…」

と書かれていました。安西先生はこれが理由になったのか、大学から去ることとなりました。

※　※　※

この谷沢のエピソードは、本当に悲しい話だと思います。

「もしも、谷沢に連絡が取れていたらどうなったのだろう」

ということは、安西先生でなくとも誰もが思うことでしょう。

谷沢のように独断専行してしまう人は、

「段取りをつけることが苦手」

という可能性があります。

実際、谷沢は渡米にあたり、安西先生から英語力などコミュニケーションの問題を不安視されていました。また、十分に下調べをしていなかったのか、渡米後に加入したのも、

「そもそものチームは何だ…それぞれが勝手なプレイばかりだ。まるでまとまってない。一体指導者は何をやっとるんだ⁉」

と安西先生に酷評されるほど、問題だらけのチームでした。練習環境を精査するなど、もっと慎重に準備をしていたら、きっと結果は大きく変わっていたことでしょう。

ビジネスの場でも、谷沢のように「理想は高いものの、功を焦り、段取りを無視して失敗をしてしまう」という人がいます。そうした傾向のある部下が身の回りにいる、という方も多いかもしれません。

そういう部下への態度として有効なのが、

「具体的な目標に至るまでの段階をひとつずつ伝える」

ということです。

今回取り上げたエピソードが、まさにその好例です。

渡米を希望する流川に安西先生は、

「まずは高校で日本一のプレイヤーになること」

を第一のステップとして提示しました。

たしかにバスケットの本場であるアメリカで活躍するには、高校で日本一のプレイヤーになるくらいの実力は必要でしょう。この言葉に流川も納得をせざるを得なかったはずです。

こうした声かけは、部下に仕事を円滑に進めさせるうえでとても重要です。

たとえば、販売に関する企画を考えてもらうときでは、

「売れそうな企画を考えてこい」

と漠然と伝えるのではなく、

「第一段階として市場のニーズを調査、第二弾階でそのニーズに沿った販売企画を考えてみてくれ」

といったように、目標に至るまでのステップを意識して伝えると効果的です。

そのほか、資料などの書類を頼むときも、

「○○の資料を作ってくれ」

などといきなり頼むと、どう作ったらいいのかわからず時間がかかったり、納得のいくものができないことがよくあります。そういう場合は**〝こう作ればいい〟ということがわかるフォーマットを渡しておくだけで、仕上がりはずいぶん変わってくる**はずです。

「段取りが組めずに独断専行する人」の中には「物事に優先順位をつけるのが苦手」という人もいます。

そういう人は、

「どの課題が重要で、どの課題が重要でないかがわからなくなる」

「自分の関心のある課題に目が行き、興味のない課題が後回しになる」

といった傾向があるので、たとえば重要度を1～5に分類し、それぞれの課題に割り振るなどして、優先順位をわかりやすく伝えるといいでしょう。

ただし、そこで注意したいのが、独断専行をしてしまう人の中には、

「こちらに指示を受けるのが怖いため、勝手にものごとを進めてしまう」

というパターンの人がいることです。もしかしたら谷沢も、

「安西先生に渡米を相談したら、叱られるかもしれない」

と思ったからこそ、相談もなく突然、アメリカに行ったのかもしれません。

このようなタイプの人は、誰かに相談するのが苦手という傾向があります。仕事で不明な点があっても、質問すれば**「『こいつ、こんなことも知らないのかよ』と思われるんじゃないか」と不安に思い、なかなか相談できないのです。**

こうした人への対処法は、相談しやすい環境をつくることが一番です。

職場でみなが頻繁に意見を交換し合うなど、普段から話しやすい環境や雰囲気を作っておけば、相談する際のストレスを軽減することができます。

また、課題を出すときは完全に丸投げで任せるのではなく、

「フォローが必要になる前」

「まだできていなかったとしても、こちらが感情的にならずに済む時点」

など、方向修正ができる段階で声がけをする配慮も必要です。そしてその時も、

「企画の件、大丈夫？」

などとあいまいに尋ねるのではなく、

「企画の件、大変だよね。確かあの会場を借りるには1ヶ月前の予約が必要だけど大丈夫？」

といったように、**相手の苦労をねぎらいつつも、具体的に質問する**と相手も答えやすくなります（そもそもあいまいに尋ねれば、『大丈夫です』しか返ってこない可能性が高いです）。

仕事のミスは病気と同じで、「治療」よりも「予防」の方が重要で、傷も小さくて済みます。

「病気を防ぐために手洗いうがいをする」のと同様に、「情報伝達ミスを防ぐために、常に話しやすい環境づくりをしておく」などの「予防法」は常に意識して実行しておくことが重要になるでしょう。

活用術のコツ

独断専行してしまう人の内面には「段取りをつけるのが苦手なために手順を飛ばしてしまう場合」や「質問することが怖いので質問できない場合」などがある。その内面について理解し、こちらから「独断専行しないで済む環境」を作ることが重要である。

【流川楓タイプの活用術―⑤】

頼んだことをやってくれないタイプ

～ジャンプコミックス『ＳＬＡＭ ＤＵＮＫ』29巻より～

「締切が第一」だと何度も言っているのにギリギリまで仕事にとりかからない、書類をきちんと確認するように言っても適当に済ませてしまう……。頼んだことをキチンとやってくれないのは、「こちらの指示を理解できていないから」なのかもしれません。いったいどういうことなのか。詳しく見てみましょう。


湘北のエース、流川楓。

技術力の高さは他の追随を許さず、１対１では無類の強さを誇ります。

しかし、そんな彼が山王戦で後れをとるほどの強敵に遭遇しました。

その強敵の名前は、沢北栄治。精神面にムラがあるという欠点こそありますが、持ち前の身体能力で湘北チームを圧倒します。

沢北は幼少期からバスケットボールを始めており、中学に入ったころにはもはや敵なし。湘北をさんざん苦しめた陵南のエース、あの仙道すら中学時代に破ったほどでした（仙道はその相手のことを『北沢』と呼んでいたので、沢村が仙道を倒した本人かどうかは100％正しいとは言えませんが……）。

そんなかつてない強敵を前に、流川はある出来事を思い出していました。

「よう…勝負しろい」

それは、仙道との1対1練習の時でした。その時、彼は言いました。

「お前は試合の時も1対1の時もプレイが同じだな………」

仙道は続けます。

「1対1のトーナメントでもあれば、お前に勝てる奴はそういないだろう。でも実際の試合でもお前を止められないかといったら……そうでもない。お前はその才能を生かしきれてねえ」

そして最後に思い出したのが、

「1対1もオフェンスの選択肢の一つにすぎねえ。それがわからねえうちは、おめーには負ける気がしねえ―――」

この一言でした（この1対1で、どちらの方が点を取ったのかは作中では語られませんでした）。

この仙道とのやりとりを思い出した流川は、〝パス〟を使って湘北メンバーにシュートを決めさせるという作戦をとるようになります。

「あの…天上天下唯我独尊男がパスを‼」

と清田が言うように、この行動は山王に大きな衝撃を与えました。

この作戦を2回くりかえしたことで、沢北の中で「流川は次もパスを選択する」という思い込みが生まれたのでしょう。

「今度は抜ける」

流川は沢北のディフェンスの一瞬の緩みを見逃さず、ドリブルで抜き去り、一対一で勝利します（残念ながら、桜木と衝突したせいで、点にはなりませんでしたが）。

※　※　※

流川はこの「チームプレーをする」ということの重要さに気がついたからこそ、山王戦で大活躍をします。特にここで沢北を抜き去るシーンは、スラムダンクの中でも屈指の見せ場でしょう。……それにしても、山王戦（というよりインターハイそのもの）が、アニメで放映されなかったのが残念でなりません。

それはさておき、ビジネスの場では「言った通りのこと」をしてくれないタイプは多いものです。何度チェックリストを確認するように言ってもちゃんと守ってくれなかったり、「今週中にやって」と言われた仕事をギリギリまでやってくれなかったりといった経験は、皆さんもお持ちだと思います。

指示を守らない原因には様々なものが考えられますが、そのうちのひとつに、

「なぜそれが重要なのかがわからない」

というものがあります。

山王戦以前の流川はまさにこのタイプです。沢北という強敵と対峙するまで流川は「なぜエースにチームプレーが重要なのか」ということを理解できていなかった可能性があります。だからこそ、それまで個人プレーに走っていたわけです。

このように「なぜそれが重要かわからず、言った通りのことをしない人」とは、言い換えれば、

「何を言われているのか、『全体像が見えていない』からよくわかっていない」

という可能性もあります。

そのため、こういう相手には「全体像を伝える」ということが大事です。

人間は情報の断片を見ただけでは、全体像をなかなか理解ができないものです。

たとえば、あなたは次の文章を見て一体これが何の指示書かわかるでしょうか？

①平坦な台に置かれているものを適度な形状に分割する。

②そのもののうちのいくつかは、常温よりもはるかに高い熱を内部に加え、用途に適するよう、内部に変性をうながす必要がある。ただしその際に時間をかけすぎると表層の組織が破壊される可

能性も生じるため、注意が必要である。

③それが終わった後、すべてのものについて、表面に大きな影響を与えない手法により、それらのものの内部を熱により変質させる。但し、あまり急激に変化を促そうとすると、一部の物体が内部に留まれず、熱源に悪影響を与える可能性がある。

④十分に内部組織の変性が進んだと思えたのならば、カレールーを入れ、それが十分に溶解するのを待った後に、別の容器に移動を行う。

いかがでしょうか？

大多数の方が④を読んで、ようやく、

「あ、これカレーの作り方じゃないか！」

とわかったのではないでしょうか。

これは④の「カレールー」という言葉があったからこそ、全体像がはっきりとわかったのです。もし④を読まずに①〜③のみ説明されても

「結局この人は自分に何をやらせたいのだろう？」

と混乱するだけです。

「頼んだことを実行してくれない」タイプは、このように「何を頼まれているのか、全体像がわかって

いない」から実行できないでいる可能性があります。

そうした人には全体像を伝えるのはもちろん、その頼んだものがどんなことに使われるのか、理解をうながすと、有効な対処法になります。

たとえば、資料の作成を頼むとします。

そのとき、どういう形式の資料を作ってほしいのか、雛形などを提示して全体像を把握させるのはもちろんですが、**その資料がどういう使われ方をするのか（たとえば、自社の商品を紹介するためにお客さんに渡す、など）を説明する**のです。

そうすれば、仕事の全体像を理解させられるだけでなく、

「今、自分がやっているこの書類は、商品を説明する部分が特に重要なんだ」

とその仕事をする上でのチカラの入れどころにも気づいてもらえます。


流川の場合も、仙道から「1対1はオフェンスの選択肢の1つに過ぎない」という指摘を受け、かつ沢北という単純な技術比べで苦戦する相手に当たったからこそ、『1対1は試合における一部分であり、試合に勝つにはパスなど様々な方法を利用した戦略を立てることが重要だ』という「バスケットボールの全体像」を理解できたのでしょう。

ちなみに、頼んだことをやらないことを指摘するときも、**まずは「相手のことを認めたうえで、問題**

を指摘する」という態度が重要です。

たとえば仙道も「1対1のトーナメントがあるのなら、お前に勝てる奴はそうはいない」と、個人能力の高さを認めたうえで、流川の抱えている問題点を指摘しています。

彼のように相手のことを肯定した上で伝えるべきことを伝えると、相手もこちらの指示を受け入れやすくなるでしょう。

活用術のコツ

言った通りのことをしてくれない部下がいるならば、言う通りに動かない要因を考える。もしも「全体像がわからないから、言われた通りのことをしていない」のであれば、丁寧に「全体像」を伝える。その際は一度ほめてから本題に入るなど、伝え方に配慮することが重要。

【流川楓タイプの活用術―⑥】

基本的な礼儀を理解していないタイプ

～ジャンプコミックス『SLAM DUNK』30巻、31巻より～

いつの時代も「会社の飲み会には参加しない、上司の言うことを聞かない」というタイプの若者は存在するものです。彼らの行動に対して「とにかくダメな奴」と考えるのではなく、「どんな行動がまずいのか」を分析し、改善する方法を今回は解説します。

山王工業との戦いのなか、タイムアウトを向こうが取ります。

残り時間が2分を切る中で、桜木は、

「おい、オヤジ、逆転できるよな‼　お⁉」

と尋ねます。安西先生はそれに対して、

「もちろんです。

桜木君がこのチームにリバウンドとガッツを加えてくれた。

宮城君がスピードと感性を。
三井君はかつて混乱を。ほっほっ……後に知性ととっておきの飛び道具を。
流川君は爆発力と勝利への意志を。
赤木君と木暮君がずっと支えてきた土台の上に、これだけのものが加わった。それが湘北だ」

との回答をします。

そして試合の残り時間は20秒を切りました。

背中に大きな怪我を負ってしまい、いつもの動きができなくなった桜木。

これを見た安西先生は交代の指示をします。しかし、その様子に相手の監督は「実質的に５対４」の状況のまま戦う方が得策と判断、タイムアウトを取らずこのまま戦うことを決めます。

試合時間残り10秒の時に、相手チームの沢北によって点差を再度ひっくり返されてしまいます。

流川は諦めずに、正面から攻めに行きます。しかし山王工業はそれをもブロックしようとしてきました。万事休すという時、

「左手はそえるだけ…」

そう呟いたのが桜木でした。それを見た流川は彼にパスを回します。

そして彼の放ったジャンプシュートはきれいな弧を描き、ゴールに吸い込まれていきました……。

これによって、１点差で勝利が決まった湘北。流川と桜木は、強く手を叩き合います（その後、すぐにぷいっと背中を向け合ってしまいましたが）。

※　※　※

この最後の20秒から試合終了まではほとんどセリフがありません。そんな中、

「左手はそえるだけ…」

とつぶやく桜木のシーンはおそらく日本の漫画史上に残る名場面でしょう。

文字に起こすとどうしてもあっさりしてしまいますが、マンガを最初から最後まで読んだ人ならば、

「流川が他人、特に犬猿の仲である桜木にパスを回す」

「桜木がジャンプシュートを決める」

ということが、「とてつもない成長」であることがわかると思います。このような成長がみられたのは、安西先生という優れた指導者がいたことが大きな要因でしょう。

今回取り上げたシーンでは、安西先生は桜木や流川たちにそれぞれの長所、すなわち肯定的な側面を伝えています。

それまで安西先生が、

「赤木君は理想主義で、すぐに後輩をやめさせてしまう。

三井君は体力がなく、すぐにバテてしまう。

宮城君は背が低いし、カッとなりやすいところがある。

流川君は自己中なプレーばかりで周りと協調しない。

桜木君は経験が少ない素人」

などと、部員たちの否定的な面にばかり目を向けていたら、あれほど素晴らしい言葉はでなかったでしょうし、また、部員たちもあれほどのチカラを出すことができなかったことでしょう。相手を肯定的に見る、というのは良好な組織をつくるためには、とても重要なことなのです。


それは礼儀がなっていない部下でも、同じことです。

「これだからゆとり世代は……」などと否定的に決めつけても、事態は進展しません。それよりも**「できる部分に目を向ける」ことの方がよほど建設的**です。

とはいえ、ビジネスは相手があってのものですから、礼儀を知らなさ過ぎるのは困り者です。

もしそういう部下がいたとしたら、

「具体的にその人物のどんな行動が『礼儀がなっていない』と『こちらに思わせている』のか」

ここで一度冷静になり、**気になる相手の行動を細分化してイメージしてみてください。**

さて、どんな行動が思い浮かんだでしょうか？

・社会人としての服装やアクセサリーをわきまえていない
・社内の飲み会などに参加せず自分の都合を第一にする

・遅刻するなど時間のマナーがなっていない

など、普段、不満に感じている態度や行動がいくつも思い浮かんできたはずです。その一方で、

・服装はだらしないが、仕事はしっかりやっている
・飲み会には参加しないが、残業を頼めば引き受けてくれる
・遅刻したときは、その分、残って仕事をしている

といった、肯定的な面も浮かんできたかもしれません。

感情を落ち着かせ、自分が不満に思っている点を整理すると、冷静に考えられるだけでなく、その人物を正確に判断でき、肯定的な面が見えてくることもあります。

たとえば、ここまで「協調性がない」タイプの例として取り上げてきた流川も、一見すると礼儀がなっていないように見えるかもしれませんが、行動を分析すると口調やプレースタイルが〝協調性がない〟と思わせているだけで「自分勝手な練習をする」「失敗を人のせいにする」など、**本当の意味で「自分勝手な行動」は作中で一度も取っていない**ことがわかります。

否定的な感情を整理できていないと、感情的になってしまい、問題点を見誤るおそれがあります。そ

うではなく、相手のできている部分を認めたうえで、相手がどんなことができていないのか。その部分を冷静に見つけて、アプローチをしていくことが重要です。


さて、そうして『気になる、具体的な行動』が明らかになったら、

「相手がどのような気持ちでそうした行動をとっているのか」

についても考えてみましょう。

たとえば、「社会人らしい服装をしろ！」と注意しても改善しない場合、その服装がそもそも、

「自分にとっての〝社会人らしい服装〟だ」

と思い込んでいる可能性がありますし、こちらの言葉を単に、

「自分の価値観に当てはめようとしている、身勝手な発言」

と思っている可能性があります。

そのとき、前者であるならば
「Ｙシャツにアイロンをかけて、ハンカチは持参する」

と伝えることが重要ですし、後者であれば、

「その格好で得意先に行ったら、私たちの会社はどのように思われるか」

など客観的な視点を与えることが重要になるでしょう。

そのとき、注意したいのは意見の押し付けだと思われないようにすることです。

「オレはお前のために言っているんだぞ！」

といった言い方が逆効果なのは、ご存知の通りです。


本気で相手のことを考えていたとしても、それが伝わらなければ何の意味もありません。

たとえば、会社や取引先との飲み会に参加しない部下がいたら、

「部長はなぜ飲み会に参加してほしいと思っているのだろう？」

「『下戸でない限り、1杯目は基本的にビールを頼む』というルールを覚えるだけで、接待の成功率が10％上がるとしたらどう思う？」

などと、部下の目線に立ち、**相手に考えさせるような言い方をすると、部下も意見を聞き入れやすくなるはずです。**その際、部下の行動に少しでも変化が見られたら、**忘れずしっかりほめるようにしましょう。**

活用術のコツ

相手を肯定的にとらえることは、「礼儀がなっていない部下」を伸ばすうえでは重要なアプローチになる。感情的にならずに「気になる行動」を具体的に細分化し、少しでも変化したらほめる。この繰り返しを行うことで、部下の能力を高めていくことができる。

【第3章】

宮城リョータタイプの活用術

湘北が誇る天才ポイントガード「宮城リョータ」は、体格の面で弱点がありながらも、それを補って余りある能力を発揮し、チームを勝利に導いてきました。

しかし、そんな彼も私生活ではバスケのように要領よく立ち回ることができません。本命の女性（彩子さん）に相手にされなかったため、他の女性に告白して振られ続けたり、彩子さんと桜木が一緒に歩いているのを見て、いきなり桜木に殴りかかったりなどエキセントリックな面を見せたこともあります。そこで、彼のように、

- **得意不得意の差が大きいタイプ**
- **要領があまり良くないタイプ**
- **一見すると理解しがたい行動を取るタイプ**

などを「宮城リョータタイプ」とし、彼のような部下をサポートする方法について解説します。

【宮城リョータタイプの活用術――①】

理解しがたい行動を取るタイプ

～ジャンプコミックス『SLAM DUNK』6巻より～

理解しがたい理由で会社を休んでみたり、突然理解不能な行動をとってみたり……。そんなエキセントリックな部下を持つとなかなか苦労させられます。そうした特異なキャラクターの部下を理解するには、まずそのエキセントリックな行動の裏側にある〝背景〟を知ることが重要です。

桜木花道がバスケットボールに真剣に打ち込むようになったこともあって、桜木軍団はヒマを持て余していました。

桜木のことを噂しながら、街をぶらぶらと歩く水戸と大楠。

すると、なにやら一心不乱に金網の向こうを覗き込んでいる野間と高宮がいました。

話を聞くと、『今いちばんいいとこなんだよ‼』とのこと。その視線の先にいたのは宮城リョータ。

どうやら女性に告白をしているようです。

ですが女性は、

「わるいけどほかに好きな人がいるから、あんたとはつきあえないわ。ゴメンなさい」

とにべもなく一言。

「おお…これで高校に入って10人目…」

そう言いながら泣き崩れる宮城リョータ。しかしその子は、

「本気じゃないくせに。（中略）あんた本当は好きな人いるんでしょ、湘北の…同じクラスのコ」

と言い放ちます。

その様子を見た桜木軍団は、どこから出したのかクラッカーとラッパを取り出して、

「まあまあニイちゃん、そう気をおとすなって‼」

「10人がなんだ‼」

「上には上がいる‼　花道にくらべりゃ君はまだ青い‼」

「わははははは‼」

と乱入してきます。

当然ケンカになりかけますが、ここは水戸洋平がフォローしたおかげで、かろうじて乱闘になることはありませんでした。

※　※　※

宮城リョータは10人もの女性に失恋を経験しています。

しかし、桜木とは違って、宮城の場合は、

「彩子ちゃんが自分に振り向いてくれないから」

という理由で失恋を繰り返していました。

桜木が「女の子と一緒に登下校をしたいから」という理由で、50人もの女性にフラれていたことを考えると、**女性にフラれ続けているのは同じでもその背景はずいぶん違います。**

さて、このように一見すると同じ行動でも、**その背景には人によって異なる理由があります。**

その行動を理解するには、まずその背景にある理由を理解することが重要なのです。

たとえば、ここに「叱ると仕事がまったく手につかなくなる」という部下がいたとします。

叱った後、仕事に復帰してもらうには、その部下がどのような理由で仕事ができなくなっているのかを知り、それに合った対応策をとる必要があります。

その部下が仕事ができなくなる理由が、

「苦手だった両親に怒られた経験を思い出し、気分を害する」

ならば、

「その両親がしていたような話し方は避ける」

という対応策が有効ですし、

「自信がないから、怒られると不安定になる」

という理由があるならば、

「本人にできそうな課題を選ばせて、自信をつけさせる」

といった方法をとることで改善させることができます。


こうした背景を知るためには、当然ですが、相手と会話をしなければなりません。

とはいえ、直接、理由を尋ねたとしても、

「○○さんは大嫌いだった両親にそっくりなんです……」

などと答えてくれることは、まずないでしょう（そもそも、本人にも理由はあいまいなのかもしれません）。

そのため、まずは、

「君の○○なところにはいつも助かっているよ」

などと肯定的に評価をし、「ただ説教したいわけではない」ということを理解してもらったうえで、子どもの頃の話でも、旅行の話でもよいので、**共通の話題を見つけて関係づくりをしながら、相手の内面理解をしていく**ことが重要でしょう。

また、相手の話を聞くときには、

「目を合わせながらしっかりと話すこと」
「相手の話を否定したり途中で横槍を入れることなく、最後まで話を聞き続けること」
「『どんなリアクションを向こうは求めているのか』を考えて話を聞くこと」

を念頭に置いて聞きましょう。

そのようにして話を受容的に聞いていけば、

「学生時代、アルバイト先の塾でパワハラを受けていたのか。だから、厳しい口調で叱るとその時の嫌な記憶がよみがえるんだな」

など、相手のちょっとした発言などから、相手の『背景』が見えてくるかもしれません。そのため、慌てずに話を聞くようにすることが重要です。

このような背景理解をする際には、注意点がひとつあります。

それは**「あなたがあなた自身に対して持っているイメージ」に引きずられない**ことです。

たとえばあなたが**自分に対してネガティブな感情を持っていると、部下のよくない行動は何でも「自分が原因」と感じてしまうものです。**

たとえば、会社を休みがちになっている部下がいたとします。

このような時に自分に対してネガティブな気持ちを持っていると、

「自分が怒りすぎたことが原因で、あの部下は会社にこなくなったんだ」

と思ってしまいます。しかし、この部下はただ自分の今後のキャリアアップについて悩んでいるだけなのかもしれません。体調を崩したり、家庭の事情で休んでいるだけかもしれません。ネガティブな自己イメージを持っていると、そうした〝普通の可能性〟をつい考えられなくなります。そうなると、部下の内面を理解するどころか、自分自身が抑うつ的な気持ちになってしまいます。

このようなことを避けるため、あらかじめ自分の内面に目を向けておきましょう。

「自分にはこんな自己イメージがあって、こんな考え方をする癖があるのかもしれない」

ということがわかっているだけで、他者理解に大きく役立つことでしょう。

他にも、普段から若者批判のニュースばかり見ていると

「あれが今はやりの○○系男子だな」

と無意識のうちにカテゴライズしてしまうこともあります。そうなると、相手のことをきちんと見ることができなくなります（このように、ある特定の他者を特定のタイプなどにカテゴライズして考えることを社会心理学では**「ステレオタイプ」**と言います）。

また、このようなステレオタイプに相手を重ねてしまい、相手を自分とは違う『○○系の人間』と思いこんでしまうと、相手の細かい部分を見誤ることがあります（心理学用語で、これを**「外集団同質性」**と言います）。

人を伸ばすときに大切なことは、

「相手を判断するより先に、相手と理解し合うこと」
「自分自身の内面も理解すること」
「相手をカテゴライズして『○○系男子』などのように扱わないこと」

の3点です。

そのため、話を聞くときには、

「どうしても自分には、自分自身を責めすぎてしまうことがある」
「『○○系男子だから』という考えに逃げるのはやめよう」

など、自分が持っている癖を理解しつつ、じっくりと話を聞くようにすると良いでしょう。

活用術のコツ

たとえどんなに理解しがたい行動だったとしても、その行動をした当人は何らかの理由を持っている。その理由を知るには、肯定的な話し方から入って相手を理解することに努め、自分自身の内面や普段から持っているステレオタイプに気がつくことが重要である。

【宮城リョータタイプの活用術―②】

悩みを一人で抱え込むタイプ

～ジャンプコミックス『ＳＬＡＭ ＤＵＮＫ』６巻、７巻より～

本当は困っているのに、悩みがあってもなかなか相談できないタイプの部下というのはけっこう多いものです。ストレスを内に溜めこんで行っていつの間にか大爆発……ということを避けるためにどうすればよいかを今回は考えていきましょう。

ある日の放課後。

「おーおーおーれはーてーんさーい、てんーさーい、てんさあーいバスケットマーン、桜木～♪」と歌いながら部活に向かっていた桜木。偶然彩子さんと出逢った桜木はそのまま一緒に体育館に歩いて行きました。

その途中で出くわしたのが、退院したばかりの宮城リョータでした。彼は桜木と彩子ちゃんが一緒に歩いているのを見て、

「アヤちゃん!!!!　なにそいつはあっ!!?　オレのいない間にそんな男と!?　なぜ!?　オレにはふりむいてくれないくせに!!!」

と叫ぶなり、いきなり桜木に鉄拳パンチをお見舞いします。

この突然の攻撃に桜木も応戦、ケンカが勃発します。

その後に行ったバスケットボールのワンオンワンの対決でも、桜木のラフプレーをきっかけに、再び殴り合いのケンカに発展してしまいます（その後、我らがキャプテン赤木が鉄拳を落としてその場は収まりますが）。

しかし、桜木は何度もケンカをする中、宮城が彩子ちゃんの言うことだけは聞くのを見て、ピンときました。そこでその日の帰りに、

「アヤコさんに恋してるな？」

と尋ねると宮城リョータは真っ赤に。その素直な反応を見て意地悪をしたくなった桜木、冗談交じりで「フラれるかもよ」と言ったらなんと宮城は泣いてしまいます。

その後、場所を変えて2人は公園で語り合うことに。

「オレは中学んときバスケ部だったが高校でも続けるかどうか迷ってたんだ、最初な。それで練習を見に行った体育館で…初めて見たんだ彼女を。もうホレてたよ…。速攻で入部した。バスケに命かけることに決めた。オレがチームを強くして…試合に勝って…それで彼女が笑ってくれれば最高さ」

宮城の気持ちを知った桜木は涙ながらに、

「ワカル」

と言います。その日以降、２人は「花道」「リョータ君」と名前で呼び合うようになります（ちなみに作中で、桜木を下の名前で呼ぶ湘北メンバーは彼だけです）。

※　※　※

さて、この話では桜木と宮城リョータが同じ土俵で話し合うことができたからこそ、お互いにわかり合えるという結果になりました。

悩みをなかなか打ち明けてくれないような相手とわかり合うためには、このように「お互いが共感し合える」ようになるということが非常に重要です。

とは言え、自分と相手の価値観は当然違うわけですから、

「相手の話を共感的に聞こう」

などと考えてもそうそううまくはいかないものです。そこで最初に重要となるのが**「ペーシング」**、**すなわち「相手のペースにこちらを合わせること」**です。

作中でも、桜木と宮城リョータが公園でゆっくりと話をする機会を持てたことで、お互いに話すことができる場面を持つことができました。

もしもここで場所を移さなかったら、おそらくこんなふうに腹を割って話し合うことはできなかった

でしょうし、桜木が宮城と彩子ちゃんの関係をバカにしていたら、ケンカをしただけで終わっていたでしょう。悩みを打ち明けられないタイプにはまず、話をしやすい環境を設定してあげたり、話をしやすくなる態度を見せることが大切です。

また、部下が悩みを持ったときに起こりがちなミスに、

「相手の悩みを『大したことない』と思い込んでしまう」

というものがあります。たとえば、ここにAさんとBさんという人がいるとします。2人は財布を落としてしまったのですが、その行動についてこのように考えていました。

Aさん「やばい、財布落としちゃった！　なかにクレジットカードが入っていたよなぁ。悪用されたらどうしよう！　もしそうなったら来月の請求が１００万とか行くのか？　いや待て、免許も同じだ！　サラ金で誰かが借金してたらどうしよう！　ああ、もう！　どうしよう！」

Bさん「あら、財布がない？　こりゃ、落としちゃったかな。とりあえずクレジットカード会社に連絡してカードを止めて、それから免許証は明日にでも再発行の手続きをしておくかな。やれやれ、まあこんなときもあるかな。コーヒーでも飲んで気持ちを落ち着けよう」

いかがでしょうか？　どう見てもBさんより、Aさんの方がストレスが大きいですよね。

このように人間は、**同じ出来事でもそこから受ける感情は異なります。**この財布の事例のように、あなたにとっては大したことでなくとも、その人の内面ではとんでもないことである可能性というのはあります。そのため、まずは相手の話を聞くときには口調や話し方などからも考えて、

「この人はどれくらい辛い気持ちでいるのか」

を理解するようにすることが大事です。

また、もうひとつ忘れてはいけないことは、

「悩みを打ち明けられない人に、答えづらい質問はしない」

ということです。

ビジネス書などを見ると、よく人の話を聞くときには「オープン・クエスチョン」（はい・いいえではなく答えに制限のない質問。はい・いいえで答えられるものは「クローズド・クエスチョン」という）を使うとよいと書かれています。しかし、**「オープン・クエスチョン」は決して万能ではないのです。**

たとえば、あなたが奥さんから、

「今日の私を見て、何か思うことはないかしら？」

と言われたらどう答えますか？　おそらく答えに窮してしまうでしょう。また、人によっては、

「変なこと言ったらまずいかな？」

などと考えて、思ったことを言えなくなってしまう人もいるのではと思います。

「今日の私の髪型、可愛くない？」

と言われた方が、よほど答えやすいはずです。

悩みを聞くときにもこれと同様に、

「もしかして、仕事のことで悩んでいるのか？」

「あの得意先のこと、辛いんじゃないのか？」

などのように『クローズド・クエスチョン』から入り、そして話が聞けてきたら、

「それで、どんなふうに思ったんだ？」

「何が一番問題になるかな？」

といったように『オープン・クエスチョン』を取り混ぜていけば、部下も答えやすくなるでしょう。

活用術のコツ

相手の話を聞くときには、まずは「ペーシング」によって話すペースを合わせることが重要。その上で「オープン・クエスチョン」と「クローズド・クエスチョン」を組み合わせて話を聞くと、相手も悩みを打ち明けやすくなる。

【宮城リョータタイプの活用術──③】

要領があまり良くないタイプ

～ジャンプコミックス『SLAM DUNK』22巻より～

仕事の覚えるスピードに個人差があるのは当然ですが、なかには「なんでこんな簡単な作業に時間がかかるのかなあ」などと思ってしまうことがあります。そうした、いわゆる〝要領の悪いタイプ〟も適切な働きかけを行えば、大きく改善することがあります。その支援の方法を見てみましょう。

陵南に辛くも勝利し、ついにインターハイ出場を決めた湘北。

しかし、桜木たちに新たな壁が立ちはだかります。

それは「期末テスト」です。

湘北には赤点が4つ以上ある者は、インターハイに出場できないという決まりがあるようです。

それを知らなかった桜木は、赤点7つという偉業を達成。流川、宮城、三井の3人も同様に赤点を4つ以上とってしまいました（また、陵南戦で激励にきてくれた青田も、柔道部で唯一赤点4つを取り、土下座することとなりました）。

この『赤点軍団』が出場できなければ、湘北の戦力は大幅にダウン。インターハイでの湘北チームの戦いは絶望的なものとなります。４人は赤木たちの懸命な働きかけもあって、なんとか追試を受けられることになりました。

そして始まった赤木家での勉強合宿（ここで三井は家に『外泊する』と電話を掛けますが、親不孝したためか信じてもらえないシーンが印象的です。そう言えば作中では、赤木以外の湘北メンバーは、家族構成が明らかになっていません。特に流川の両親ってどんな人か、少し興味がありますね）。

物理のテストで珍解答をして赤木をキレさせる桜木。

晴子さんとマンツーマンなのに、まるで興味なさそうに居眠りする流川（作中では、流川が晴子さんに話しかけるシーンは、ここと1巻の2回だけです）。

それに引き替え宮城リョータは真面目に勉強しており、

「できた♡」

とテストを解答。答えを見た彩子さんも、

「なによ、やればできるんじゃないリョータ。なんでテストの時できなかったのよ！」

と驚くほど。

「へっへっアヤちゃんが先生なら、満点とれるかも、オレ」

と宮城リョータも顔を赤くして喜んでいます。

４人も努力した甲斐があってか、かろうじて追試では合格することができました（ちなみに、前述した青田もギリギリでパスしている様子が見られました）。

※　※　※

宮城リョータは、バスケに関しては天才ですが、勉強に関してはさほど要領がよくないのかもしれません。

しかし、この話では彩子ちゃんの存在そのものが「モチベーションを高める源」となり、追試で実力を発揮することができました。

彼の場合には、危機感によって「モチベーション」を引き上げることができたことと、「憧れの人に教えてもらえた」ことで、要領よく勉強を行い、赤点を脱出することができました。

この宮城のケースのように、少しやり方を変えるだけでも要領の悪さを改善できる人は、意外にたくさんいるものです。

さて、それでは「やり方を変える」とは具体的にどうすればよいのでしょうか。

その代表的な方法として挙げられるものが、「視覚化」です。

たとえば、あなたが料理教室に行ったとします。

そしてコップに入った牛乳を手渡されて、

「牛乳を適量入れてください」

と指示されたとします。

ここで、もしもあなたが自分で思う「適量」を入れたとして、

「あなた、牛乳入れすぎ！　そんなことでよく料理教室にこられたわね！」

などと言われたら理不尽に思うのではないでしょうか。……**あなたが「要領が悪い」と思っている部下は、常にこのような状況におかれているとも考えられます。**

こういう時には、怒鳴りながら「適量」がどの程度かを習得するまで教え込むよりも、牛乳のコップにラインを引いて、

「牛乳をこのラインまで入れてね」

と「視覚化」を行う方が余程効率的だというのはわかると思います。

この「視覚化」によるアプローチをビジネスの場で行うのならば、

- **お願いしたことは、口頭だけでなくメールも送りスケジュールボードにも書いておく**
- **週間スケジュールを机に貼り、『資料作成、この日まで』『○○へ訪問』など付箋を付けることで管理を行う**

などが挙げられます。

その他にも職場の環境そのものへのアプローチとして、

・**どの棚に何が入っているか一目でわかるよう、棚に写真を貼る**
・**「○○社に行くのに必要なものセット」などを貼り出しておく**

などでも要領の悪さは防止できるかもしれません。

また、これらを行う上でもうひとつ注意点があるのですが、**あなたが「要領がよくない」と思うタイプの方は、過去にも「要領がよくないこと」で教師や友人から否定的に指摘されている可能性がある**ということです。

そのため、むやみに否定すると、相手は仕事に対するモチベーションを失ってしまうかもしれませんし、『俺は子どもじゃないんだ。言われなくてもわかってる』と反発してしまう可能性もあります。

そうしたことも考慮して、要領が良くない部下には**「肯定文で伝えるように心がける」**ということも注意してください。

たとえば私たちが書類でミスをしたときにも、

「だからちゃんと確認しないとだめだと言っただろ！」

と怒鳴られるよりも、

「この部分はマーカーでチェックして音読すればミスが減るよ」

と言ってもらえた方が自尊心も傷つきませんし、また同じ仕事がきた時でもがんばろうという気持ちになれるはずです。

このように書くと
「いや、部下というのは厳しく叱って伸ばすものだろう」

と思う方もいるかもしれません。

たしかに叱ることも必要です。

しかし、**それ以上に重要なのは、「誰が叱るか」**です。

「ビジネスで成功するためには、努力することが不可欠だ」

ということを、年商数十億円の会社の経営者が言うのと、働いたことがない若者が言うのとでは、受ける印象はまったく違ってきます。

作中の宮城リョータも、彩子ちゃんから叱られた時は、しっかりと言うことを聞くというシーンが何度もあります。もしも、この勉強でも彩子ちゃん以外の人が勉強を教えていたのならば、聞く耳を持ってくれなかったかもしれません。

厳しい言葉で部下の理解をうながすのは、意外と難しいものです。

あなたは「あなたが慕っていた上司」ではありません。

「宮城リョータにとっての彩子ちゃん」と同じくらい部下に慕われているのでもない限り、**できる限り「ほめて伸ばす」、あるいは「具体的な指示を与えて伸ばす」という方法がいい**でしょう。

活用術のコツ

要領が悪い相手に「要領のいい方法」を習得させるのは非効率的になってしまう。それよりは「視覚化」など、本人にとってわかりやすいものを用いることが大事。但し、否定的な表現をせずに肯定的に伝えることに常に留意する。

【宮城リョータタイプの活用術――④】

いざというときにしり込みするタイプ

～ジャンプコミックス『SLAM DUNK』25巻より～

慣れた仕事などはきちんとこなせるのに、いざプレゼンを頼まれたり得意先と話をするときになると急に緊張してしり込みしてしまう……。そんなタイプの実力を発揮させるには、「イメージング」の技法が有効です。「イメージング」とはどのようなものなのか、その内容を紹介しましょう。

インターハイ初戦を見事勝利で飾った湘北チーム。

しかし、問題は2回戦です。対戦相手はなんと前年の王者・山王工業。過去には湘北を打ち負かした海南すら一蹴したほどのチームです。

その実力たるや、1年前のビデオを見ただけで、湘北メンバーは息を飲んでしまうほど。

ただでさえ強い山王工業ですが、敵は選手ばかりではありません。

周りの観客も山王の勝利を期待する人ばかり。そんな雰囲気に飲まれたのか、試合前の練習で体を少し動かしただけでみな息が上がってしまいました。

試合開始まであとわずか。フロアには試合前にも関わらず走り回っている宮城リョータの姿がありました。それを見た安西先生は心配して声をかけます。

「動いてないと………じっとしてると……悪いイメージばかり浮かんでくるもんで……」

それを聞いた安西先生は「ＰＧ《ポイントガード》のマッチアップではウチに分がある」と言います。

「相手は確かに１８０㎝と大きい……でも今さら何を恐れることがある？　子供の頃からずっとそうだったでしょう。スピードとクイックネスなら絶対負けないと思っていたんだが…」

と励まされ、宮城リョータは不安をはねのけます（ここで安西先生は、三井にも『いくら山王といえど三井寿は怖いと見える……』と励まし、三井のプレッシャーも取り除くシーンがあります）。

そして試合本番。客の９割が山王ファンという状況の中、

「ワルモノ見参‼」

と、湘北チームは闘志満々でコートに現れました。

※　※　※

安西先生のこの指導は、やはり流石だなと思います。

さて、いざというときにしり込みしてしまう人というのはビジネスの場にもいるものです。

特にプレゼンを大勢の前で行うことや、一人で新しい企画を行う際などは、いきなり「さあ、がんばってくれ」と励ましても緊張しないことは難しいでしょう。

そうした場合に部下のやる気を引き出すときは、安西先生の指導を思い出しましょう。

安西先生が宮城に「今までも大きい相手と戦ってきたんでしょう」と励ましたように、どんなささいなことでもよいので、その部下の**「過去の成功体験」を引き合いに出して励ます**ことが重要です。

実際に、カウンセリングの場でも「いま抱えている問題と似たような問題に対して、どのように対処してきたか」について聞くことはあります。

たとえばプレゼンが恥ずかしいという人でも、**今までの人生で一度も「人前で発表したこと」がない人というのはあまりいない**ものです。このような『今抱えている問題と似たような経験』について、

「どうしてそのときには上手くいったのか」

を考えてみるのです。たとえばこの時には、

「信頼できる友人がそばにいてくれたから」

「決まりきった定型文だったから」

というパターンがあるかもしれません。もしそうであれば、

「何か難しい質問があった時に、いつでも上司がサポートできるようにしておく」

「あらかじめ入念に予測される質問を作っておき、練習しておく」

といった対策を一緒に行っておけば、しり込みしなくなるかもしれません。

また、その他の有効な方法としては、**「イメージング」**という技法があります。

「イメージング」とは簡単に言うと、「自分が成功した時の姿を想像すること」です。

天才・桜木はこの「イメージング」が非常に得意です。常に自分がバスケットマンとして脚光を浴びるシーンを（特に序盤では）妄想しており、そのせいもあってかどんな物事にもしり込みすることなく飛び込んでいくことができます。

安西先生も同じくイメージングをさせることが上手で、山王戦などでも、

「さっきの場では敵にボールを取られたよね。もしあのシーンで君がボールを取っていれば、どうなるかな？」

など、**『達成できた時にどんなことが起きるのか』をはっきりと桜木に伝えています。**

この「イメージング」をビジネスに応用するならば、

「もしこの企画が通ったら、どんな気分なのかな？」

「成功した時、どんなふうに上司からほめられているかな？」

など、できる限り具体的に成功した時の姿を想像できるように、うながしてみてください。

そうすることで、課題に取り組む気も持てるようになることでしょう。

部下にやる気を出させることは非常に困難なことです。しかし、部下もバカじゃありませんから「こうなりたい」というイメージは持っているはずですし、今まで似たような境遇に直面してきたときにも

何とか対処してきたはずです。

また、**この「対処方法」はその部下ならではのものです。逆に言えば「あなたが行ってきた困難への対処方法」もあなた独自のものですから、あなたの経験を部下に伝えても、あなたと同じようにできるとは限りません。**そこで、

「こうすれば良いんだよ」

とこちらの経験をもとにアドバイスをバンバン出していくよりも、まずは、

「今まではどうやって対処してきたの？」

と、「相手が行ってきた対処方法」を聞く方がやる気を引き出す上では重要になることでしょう。

そしてどんな言い方をすれば本人がやる気を自分から引き出すことができるのか、について考えるようにしていくと、自分から物事に取り組もうという気持ちになってくれるはずです。

活用術のコツ

物事にしり込みしてしまう相手には、その人物の「過去の成功体験」を聞くことや「成功した時の姿をイメージさせる」ということが重要になっていく。こちらの体験よりも、相手が体験してきたことをベースに対策を考えると、物事は上手くいきやすい。

【宮城リョータタイプの活用術―⑤】

得意不得意の差が大きいタイプ

～ジャンプコミックス『ＳＬＡＭ ＤＵＮＫ』30巻より～

「長所を伸ばす」ということは重要です。しかし、「得意なことだけさせる」というわけにはいかないのが、ビジネスの難しいところです。得意な分野があるのに、苦手な分野が足を引っ張ってしまう。そんな部下はどのように支援していけばいいのでしょうか。その方法を解説しましょう。

舞台はインターハイ２回戦の山王戦。
絶対王者と称される山王工業に何度引き離されても食い下がる湘北チーム。一進一退の攻防（というには、あまりにも多くのドラマが展開されていますが）が続く中、試合の残り時間は２分を切りました。
宮城リョータのマッチアップの相手は、山王のキャプテンである深津。すでに5点差にまで追いつかれている状況であるにも関わらず、気負うことなく落ち着いてプレーしてくる強敵です。彼のアシストによってダンクシュートを決められ、点差は7点にされてしまいます。

そして、ボールは宮城リョータが再び運ぶこととなります。

……しかしこの場で驚くべきことに、山王はゾーンプレスを仕掛けてきます。普通に逃げ切ることもできる状況であるにもかかわらず、正面から打ち合うことを向こうは選択してきました。

これにより、巨体の選手2人に囲まれる宮城リョータ。

疲労のせいもあり、

「もうキレがないピョン（ピョンは、深津の口癖です。その前は『ベシ』だったそうです）」

とまで言われてしまいます。

しかし、彩子さんがここで、

「リョータッ‼　抜けえ、男だろっ‼」

と声を張り上げました。

その声が彼に聞こえたのかは定かではありませんが、

「こんなでけーのに阻まれてどーする。**ドリブルこそチビの生きる道なんだよ‼**」

と心の中で叫びます。**そして次の瞬間、低いドリブルを使って2人を抜き去ることに成功します。**

華麗に抜き去ったことを喜ぶ彩子さんに、

（アヤちゃん♡）

と思いながら、宮城リョータは彼女にピースサインを決めました（もちろん、彩子さんには『前見ろバカモノーッ‼』と怒られましたが）。

※　※　※

宮城リョータは身長の低さを、その瞬発力と状況判断力でカバーしています。

彼のように、**無理に「短所を克服するために努力する」よりも「長所を使って短所を補う方法」の方が有効になる場合は多い**ものです。

たとえば、「段取りを立てる能力はあまり高くないけれども、物事を処理する能力は高い」という部下がいたとしたら、あらかじめこちらが「スケジュール」を決めておき、その通りに仕事をこなしてもらうといった対処法があります。

「パソコンは苦手だけれども他者と関わる能力が高い」というのであれば、営業と事務の役割配分を調整してみるのも方法としては有効になるでしょう。

宮城リョータのように「背が低い」ということは、ポイントガードというポジションをするにあたっては逆に長所ともなりえます。実際、ポイントガードには現実世界でも、低身長の名選手が数多くいるものです。このような「短所を逆に長所として用いる方法」はビジネスでも有効です。

この「短所を長所に変える方法」として有効なのが、**「リフレーミング」**です。

これは簡単に言うと「物事に対するとらえ方を変える方法」になります。

たとえば「短気な人」というのは「行動力のある人」とも考えられますし、「空気が読めない人」は「常識にとらわれない人」という長所に置き換えることもできます。このように「肯定的な考え方」をすることで新しい見方をしていくことは有効になります。

……と、「リフレーミング」について説明してきましたが、このようなことは多くのビジネス書にも書いてあることなので、この本を読んでいる方の多くは実践されていることと思います。

しかし、言い方はよくないのですが、社員一人一人に与えられる役割が多様化したいま、「長所で短所を克服すること」には限界があるのはみなさんがご存じの通りです。

「常識にとらわれない柔軟な発想力」があっても、あまりに空気が読めず、敵ばかり作ってしまうようでは、その発想力が生かされることもなく、宝の持ち腐れとなってしまうことでしょう。

このような部下には、**「ゴールからの逆算形式」でものを教える**ことが有効かもしれません。

物事を教わるときには基本的に**「スタートから積み上げる形式」**が用いられることが多いです。

たとえば英語の勉強をする際も、

「まずはあいさつ。その後名詞から動詞、形容詞などを覚えて文法を理解する。そして文章読解に入り難易度も上がっていく」

という流れで進むところがほとんどでしょう。

登山にたとえるなら「様々な装備と技術を整え、どんな山でも登れるようなクライマーになる」というのが日本の教育だと思えばわかりやすいかもしれません。

逆に**「ゴールからの逆算形式」というのは「ある目的のために最低限必要なことだけ覚える」という方法です。**

さきほどの英語の勉強で言うならば、

「海外旅行に行く時に最低限必要な英単語と文章だけ教える」

ということが『ゴールからの逆算形式』の教育に当たるでしょう。すなわち「どんな山に登るかをあらかじめ決めて、そのために必要な装備と技術だけを身に付ける」方法と言えます。

どちらの教育法が良い悪いというわけではありませんが、人や課題によっては「スタートから積み上げる形式」で一から教えるのではなく、後者の「ゴールからの逆算形式」で教える方がよい場合もあることでしょう。

たとえば「どうやってもビジネス英語が使いこなせない」という人に、一から基礎を叩き込むと時間がかかりすぎてしまいます。

それよりは、

「最低限本人がやるべき仕事を行うために必要な構文と単語」

だけを教えるなど、目的に合わせて教えていく方がよいかもしれません。

欠点を無理に克服させようとしても限界はあるものです。たとえば宮城リョータに無理にセンターの仕事をさせようとしても間違いなく上手くいかないでしょうし、桜木花道に宮城リョータのようなアシスト役は、おそらく無理でしょう。

それより、本人が活躍するためにはどうすればよいのかを考えることや、**「そもそも本人に求められる仕事は何なのか」**を考え（たとえば赤木は桜木花道に『ゴール下の役割』を求めたため、シュート練習よりもリバウンドを優先して習得させましたね）、ゴールから考えることも役に立ちます。

活用術のコツ

得意不得意の差が大きい人へのアプローチとしては、まず「長所で短所を補う方法」「短所を長所に変える方法」を考える。それでも改善が難しいのであれば「最低限目的を達成するために必要なもの」をゴールから逆算して教えるようにする。

【第4章】

三井寿タイプの活用術

中学時代は才能あふれる選手でしたが、大きな挫折をしたことで一度はバスケットボールから離れた三井寿。そんな彼は不良として2年間〝無駄な時間〟を過ごしたことで、今の自分をひどくネガティブにとらえています。

しかし、部活に復帰した彼の実力はまぎれもない本物。ブランクのせいでスタミナこそありませんが、3ポイントシュートの成功率はきわめて高く、湘北チームの『とっておきの飛び道具』として活躍することなります。

そこで彼のように、

・物事を途中で投げ出してしまうタイプ
・過去の失敗をいつまでも引きずるタイプ
・自信を持つことが苦手なタイプ

などを「三井寿タイプ」とし、このような部下の支援方法について解説を行います。

【三井寿タイプの活用術──①】

自分が中心でないと我慢できないタイプ

～ジャンプコミックス『SLAM DUNK』8巻より～

常に自分が主導していないと我慢できないタイプ、周りからほめられないと気が済まないタイプ……、こういう人は、自分に注目が集まっていないとやる気を失う傾向があります。そうした人とうまくやっていくためには、「スポットライトが当っている」ことを実感させることが重要になります。

ある日、学校に1人の不良が現れます。

その名前は三井寿。彼は、バスケ部を滅茶苦茶にするために仲間の不良とともに体育館にやってきましたが、ケンカ無敵の桜木や、桜木軍団の力で撃退されてしまいます。

ボロボロになった三井を、赤木は平手で叩きます（通常、赤木はげんこつで叱責するので、これは非常に珍しいことです）。その様子を見ながら木暮が、彼は元バスケ部であることを伝え、彼の過去を語り始めます。

中学時代、彼は神奈川県のＭＶＰをとるほどの実力者で、その技術の高さは高校生も驚かせるほどでした。しかし、その年の湘北には赤木というもうひとりの天才がいました。

赤木は高校一年生の時点で、すでに身長１９０センチを突破（当時、三井は１７６センチ）。バスケットボールの技術はまだ発展途上で、ドリブルをすれば自分の足に当て、フリースローは外すといった有様でした（木暮の話を聞く限り、彼と木暮は弱小中学校の出身だったようです）が、その天から授かった体格を活かし、**三井のシュートを阻止するなどして、注目を浴びます。そこで無理をした三井は膝を痛めて入院してしまいました。**

三井はこのときまだバスケットボールへの情熱は失っておらず、まだ治療の途中であるのに、病院を抜け出してバスケの自主練習などしていました。

そんな中、安西先生が赤木に関心を持っていることを知り、さらに敵愾心を燃やす三井。

「いたくねえ‼」と、無理を押して部活に参加しますが、案の定そこで膝を再び痛めてしまいます。**同時に赤木が才能を開花させつつある姿を見て、三井寿は部活から姿を消していきました**（その後、どこで鉄男と知り合ったのか、不良に落ちて行ったのかは作中では触れられていません）。

※　※　※

三井寿が不良に落ちていく過程は非常にリアルで、生々しいです。

「ケガが治らないこと」

「赤木がバスケットマンとしての才能を開花させつつあること」

などが要因となって、三井は一度はバスケ部から去ってしまいました。

このように「自分にスポットが当たらないこと」や「周りと比較すること」などが原因となって仕事を辞めてしまう部下は多いものです。


想像してみてください。

あなたの部下は中学、高校と成績優秀で「末は博士か大臣か」とまで言われた人だったとします（今は、あまりこういう表現を使いませんが）。

大学でもアルバイトばかりするのではなく、勉学にもしっかりと取り組んで優秀な成績で卒業、将来を嘱望されて入社したとします。

しかし、会社に入ったら自分はただの下っ端の1人。

上司の指示や命令に従わねばならず、ささいな失敗を責められ、苦労して作った企画書や資料はすべて上司の手柄になってしまう（少なくとも本人の目線で見た場合、ですが）毎日。

当然、本人からすれば、

「自分の能力が不当に低く評価されている」

と思ってしまうことでしょう。そんな中、

「君みたいに高学歴で優秀な人がこんなところでくすぶっているのはもったいない。その能力を必要としている会社がある！」

と誘われたらどう思うでしょうか。おそらく会社を辞めて、転職したくなるのではと思います。

もしもこのような部下に対して支援をするとすれば**「スポットライトを当ててあげる」**という方法が有効になるかもしれません。

たとえば、ある学校ではイジメ防止の一環として、運動会で個人を表彰をする機会を設け、絵の展覧会でも金賞や銀賞といった賞を作るなどして、個人表彰の機会を増やしたそうです。その結果、生徒個人にスポットライトが当たる機会も増加し、この学校ではイジメが大幅に減ったといいます。

もしも三井寿も、

「ケガをしていても彼が参加できる練習」

を提供してその中で力を発揮できる場面を提供したり、ケガが治るまで練習のサポート役を任せたりして安西先生に認められる場を設けていれば、無理な練習参加はしなかったかもしれません。

このように「スポットを当てる」と、本人のモチベーションを高めることができます。

これをビジネスの場で応用するのならば、**社内で彼が何らかの「プレゼン」を行う機会を作り、そこで彼の力を発揮させるのもひとつの方法**です。新人の目から見て、現在開発している製品をどう思うか、今の市場動向をどう考えるのかなどを話してもらうのは、会社にとってもプラスになることでしょう。

他にも、資料作りが上手だと思ったのであれば、他の同僚に対しても、

「〇〇君は資料をまとめるのがとても上手だから、今度みんなでコツを教えてもらおう」

と言って彼を『講師』とした勉強会を開くなどの方法をとってもいいかもしれません。

「サラリーマンの新人は、まずは辛い仕事に耐えること」

というのもある側面では正しいでしょう。

しかし、それにこだわって優秀な部下を他の会社に取られるのも、もったいないと思います。**辛い仕事の中にも、やりがいを与える**ようにすれば、部下も仕事に取り組む気持ちを強く持てることでしょう。

活用術のコツ

自分が中心でないと気が済まないタイプに接する場合は、まずそのこと自体を肯定的にとらえる。相手が「自分にスポットライトが当たっている」と実感できるようなアプローチを行っていけば、本人のやる気は自然と高まっていく。

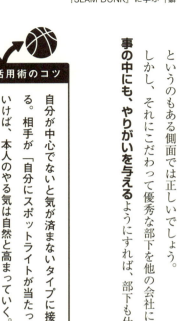

【三井寿タイプの活用術──②】

物事を途中で投げ出してしまうタイプ

～ジャンプコミックス『SLAM DUNK』8巻より～

強さとタフさは比例するとは限りません。どんなに優秀な人でもなにか困ったことや予想外のトラブルが起きると、やりかけていたことを投げ出してしまったり、挫折したりすることはあることでしょう。そのような相手にどう声がけをするべきでしょうか。その方法を見てみましょう。

中学時代、MVPを獲得するなど有望な選手だった三井寿。

彼は湘北に入学しますが、実は陵南や海南、翔陽といった強豪校からもスカウトを受けていました。

それでも湘北を選んだのは、安西先生がいたためです。

彼は武石中学時代、神奈川県大会の決勝戦で安西先生に出会いました。

決勝の相手は、横田中。

スコアは52対53、タイムアップまで12秒を残して、1点差で負けていました。

「このスーパースター、三井がいる限り絶対勝ァつ‼」

と言ったものの、状況は最悪。三井は敵のパスをカットしようとしましたが、失敗して来賓席につっこんでしまいました。一度は試合を諦めかけた三井に、ボールを拾った安西先生がこう声をかけます。

「最後まで…希望を捨てちゃいかん。あきらめたらそこで試合終了だよ」

その言葉に励まされた三井寿は力を取り戻し、勝利につながるシュートを決めました。

優勝した時の写真を見ながら、

「あの人がいなかったらこの写真はなかった…安西先生に恩返しがしたいんだ…」

とつぶやきます。

しかし、三井は湘北に入学後、ケガをしてしまい、挫折感から不良の世界に……。

そんな三井寿のもとに、安西先生が現れます。

その光景に過去の経験がフラッシュバックし、三井寿は、

「安西先生…‼　…………バスケがしたいです……」

と泣き崩れます。

その後、具体的な経緯は書かれていませんが、三井寿は髪を切り、バスケ部に復帰することになりました（ちなみに、彼が体育館で暴力事件を起こした罪は、桜木軍団と三井寿の不良仲間である堀田が被ってくれました。堀田とその仲間たちは、その後の試合で『炎の男三っちゃん』と書かれた旗を持って応援にくるなど、意外と友情に厚いところを見せてくれます）。

※　※　※

この安西先生の、
「あきらめたらそこで試合終了だよ」
と、三井寿が、
「安西先生…‼　………………バスケがしたいです……」
と本心を明かすシーンは、『スラムダンク』を読んだことがない方でも一度は耳にしたことがあるのではないでしょうか。

さて、実はこのシーンにはとても「凄いところ」が隠されています。

それは「安西先生や湘北バスケ部のチームメイトたちが、何も言わずに三井寿を部に戻してくれたところ」です。

湘北のバスケ部のチームメイトは、当然、三井が桜木たちに暴力を振るったことを知っています。

現実的に考えれば、あの場で三井寿を永久追放したとしても不思議ではないのですが、安西先生やチームメイトたちは、文字通り何事もなかったかのように三井を迎え入れました。

また、もうひとつの特徴として、

「なぜ三井が不良になったのか、作中で安西先生は一度も問い詰めていない」

ということがあります。普通ならその部分は非常に興味があるはずです。しかし、そのことについて一度も触れられないまま、『スラムダンク』の連載は終わりました。

たしかに**「問題が起きた時には、その原因分析をしっかりとする」というのは重要**です。

実際、職場でミスやトラブルが起きれば、

「なぜそうした問題が起きたのか」

について重点的に考えるはずです。

しかし、そのような**「過去志向」の考え方ばかりでは、実は物事はあまり好転しません。**

「どうしてちゃんとメールをチェックしていなかったんだ！」

などと問い詰めても、相手はただ責められている気持ちになるだけで、

「もうどうでもいいや」

と仕事を投げ出したくなってしまいます。

ミスやトラブルが起きたときこそ、むしろ「未来志向」で考えることが有効です。

たとえば、部下が発注書を間違えたとき、

「どうしてこんな初歩的なミスをしたのか」

と問い詰めるよりも、

「どうすれば、これから同じ失敗をしなくなるのか」

について考えていくことが重要ですし、相手側としても受け入れやすくなるものです。

「原因分析」にばかりこだわってもあまり意味がない理由はもうひとつあります。

それは、**「人間関係は簡単な因果論で考えることができないから」**です。

いったいどういうことなのか、例を挙げて説明してみましょう。

ここにとある会社があります。職場の雰囲気はあまり良好とは言えず、とくに目立った理由があるわけでもないのに、人間関係がギスギスしています。

このような会社を分析してみたら、

「職場で部下が何らかのミスをする」↓
「上司がそれを聞いて部下を注意する」↓
「これによって部下は上司に対して苦手意識を持ってしまう」↓
「困ったことを部下は上司に相談できないため、再びミスが起きる」↓
「またミスが起きたことに呆れ、上司がますます強く注意する」↓
「強く怒られたことで、ますます苦手意識を持ってしまう」

という「流れ」ができていることがわかりました。

上司と部下、どちらが悪いというわけではありませんが、問題が起こるたびに人間関係が負のスパイラル的に悪化しているわけです。

人間関係は、**このように「因果ではない要因」によって問題が生じている場合があります。**

途中で物事を投げ出してしまう部下も、こうした負のスパイラルに苦しんでいる可能性があります。

問題が起こると、人間は誰しもその原因を探りたくなります。もちろん、原因を知ることは重要ですが、〝未来〟を志向した方が部下はより前向きになります。

「どうすればミスが起きる体制を改善できるのか」

「どんな方法をとれば、今後はミスを起こさず働きやすくなるのか」

そうしたことを部下と一緒に考えていくという姿勢を持てば、部下が途中で仕事を投げ出すこともなくなっていくことでしょう。

活用術のコツ

何かあると投げ出してしまうようなタイプの部下と接するときは、むやみに失敗の原因を分析するよりも「未来志向」で考えていくことが重要になる場合もある。「何が原因か？」ではなく「今後どうしていくか？」を一緒に考えることがモチベーションを維持するコツになる。

【三井寿タイプの活用術—③】

過去の失敗をいつまでも引きずるタイプ

～ジャンプコミックス『ＳＬＡＭ ＤＵＮＫ』20巻、21巻より～

人は誰しも失敗をすると不安になります。しかし、その失敗をいつまでも引きずってしまうのは考えものです。過去の失敗を引きずる人がいる場合、どうすればその不安感をとりさって、前を向かせることができるのでしょうか。その方法を解説しましょう。

インターハイの出場がかかった、湘北にとって絶対に負けることができない陵南戦。

湘北チームは陵南チームに一時、最大で15点もの差をつけていましたが、試合終了3分前の時点で4点差にまで差をつめられていました。頼みの安西先生は病気で不在、タイムアウトをとりますが有効な打開策が浮かびません。

物事が上手くいっている時にはあまり気にならないものですが、状況が悪化してくると表面化してくるのが疲労です。

特にブランクがあった三井寿の消耗は著しく、

「安西先生のいない時こそオレがやらなきゃ…オレが…オレが…」

と、思いながらも体が気持ちについていきません。

湘北チームが疲労を深める中、コートで大暴れをしたのが、陵南のエースの仙道でした。彼を止めなければ、逆転されるのは時間の問題です。赤木がファール覚悟でブロックをしようと試みますが、バスケットカウントという最悪の結果に……。

点差は2点に縮まり、赤木は4ファール目で後がなくなります。

陵南のフリースローから試合再開というところで、とうとう三井は倒れ込んでしまいます。

幸い彼はすぐに意識を取り戻しましたが、もうプレーを続けられないほど衰弱していました。木暮と交代し、コートから出て水分補給をする三井でしたが、手に力が入りません。

「オレに中学ん時以上の体力があるはずもねぇか……中学の財産だけでやってるようなもんだからな…」

スポーツドリンクの缶のプルトップを開けることすらままならない状況で、

「くそ……なぜオレはあんなムダな時間を……」

と、一人涙を流します。

※　※　※

このシーンも非常に有名ですね。

三井が読者に人気なのは、３ポイントシュートの名手という〝強さ〟と、体力不足という〝もろさ〟が混在している点と、過去の失敗に苦悩したり、ふらつきながらも必死に戦おうとする人間的な魅力があるからだと思います。

作中の描写を見る限りでは、三井は今の自分の能力を「中学時代の財産」と言っています。しかし、後の巻で言われているように実際の三井の能力は、中学時代の彼を超えています。

このことに気づかないのは、彼が **「推論の誤り」に支配されている**からかもしれません。

「推論の誤り」とは簡単に言えば、

「物事に対するとらえ方の偏り」

のことです。

たとえば、朝起きたら頭痛がしたとします。

あなたはそのとき、次のAとBのどちらの考え方をするでしょうか？

A：ん、ちょっと頭が痛いな。昨日飲みすぎちゃったからかな。まあ会社に行く頃には治るだろうから大丈夫だろう。

B：あ、頭が痛い……。もしかしたら、これはくも膜下出血の前兆かもしれない？　そう言えば最近、脳腫瘍が増えているってニュースも出ていたし……、病院に行って検査を受けなくちゃ！

おそらく、ほとんどの方がAを選んだのではないかと思います。

Bは「推論の偏り」の一種である**「破局的思考（物事を極端に悪く受け取ってしまう）」**です。

三井のように**過去を引きずりやすいタイプは、程度の差こそあれ、こうした「推論の偏り」を無意識のうちに行っている可能性があります。**

「推論の誤り」には『破局的思考』のほかにも、

「ゼロか100かでしか考えられない（**『二極的な思考』**）」

「『今まで3人と付き合ってわかったけど、男ってみんな○○ね』など、数回の経験からすべてをわかった気になってしまう（**『過度の一般化』**）」

「よくない出来事ばかりを考えてしまう（**『フィルター的思考』**）」

「自分の感情で物事を決めつけてしまう（**『感情的な決めつけ』**）」

「よい物事ですら悪く受け取ってしまう（**『マイナス思考』**）」

「短所を極端に大きく考え長所を小さく考える（**『拡大解釈・過小評価』**）」

などがあります（三井の場合には、自分の体力の無さから『自分が中学時代の財産だけで戦っている』と拡大解釈しており、逆に3ポイントをはじめとした実力の向上を過小評価しているため、最後の「拡大解釈・過小評価」に当たるでしょう）。

さて、このような考え方を持っていることで過去を引きずり続けてしまう人に対しては、**「別の考え方を持てるようにさせること」が重要になります。**

たとえば、先ほどの頭痛の例で言えば、

「くも膜下出血が起きる可能性って、確率で言えばどれくらい？」

などと尋ねてみるのもいいかもしれません。

また、過去を引きずってしまう人には、

「過去の出来事をそのようにとらえることで、どのようなメリットがあるのか」

「逆に、どのようなデメリットがあるのか」

などと尋ねてみて、

「じゃあどんなふうに考えれば今ある課題をやれると思う？」

などと考えさせる方法を採り入れれば、考え方を変えることができるかもしれません。

ただし、これらの会話をする際は、**必ず「お互いが十分に話をできる環境を作る」**ようにしましょう。

何の前触れもなく、突然、部下の「推論の誤り」を指摘し、

「そう思う根拠は何なの？」

などと聞いても、相手は心を開いてくれません。

たとえ、部下の態度が「ちょっと考えすぎなんじゃないか」と感じたとしても、まずは部下がどんなことを考えて、感じているのかについて耳を傾ける必要があります。

そして、相手の気持ちを理解した上で、「推論の誤り」を正していくようにしましょう。

活用術のコツ

過去を引きずりがちなタイプは、背景に「推論の誤り」を抱えていることがある。その場合は「新しい考え方」を提供することで心の負担を軽くできるが、その前段階として対象となる部下との間で関係性をしっかりと構築しておくことが不可欠になる。

【三井寿タイプの活用術――④】

自信を持つことが苦手なタイプ

～ジャンプコミックス『SLAM DUNK』28巻より～

はたから見ているとなんの問題もなく仕事ができているのに、やけに本人は不安がっている。そんな「自信を持つのが苦手」な人がいます。不安感を持つのは決して悪いことではありませんが、その度合いが強すぎると問題になることも……。どうすれば自信を持ってもらえるのか、その方法を学びましょう。

三井は、ブランクのせいでスタミナがあまりありません。

そのことを山王工業は過去のデータから理解しており、彼に一ノ倉選手をぶつけます。一ノ倉はディフェンスの名手であり、とにかく我慢強い性格です。

一ノ倉のモノローグによると、

「現在出ているスタメンの誰もが逃げ出したことがある合宿でも、唯一逃げ出さなかった男」

とのこと。実際、一ノ倉のディフェンスは非常に強力です。

三井は前半、一ノ倉のしつこいディフェンスに大幅にスタミナを奪われ、後半の残り10分には体力を使い果たしていました。

動きに精彩を欠くだけでなく、顔色まで悪くなってきた三井。

しかし、限界を超えてもなお三井は奮闘します。

「オレはもうあの6番を止められねえ。走ることも…抜くことも…何もできねえ……オレから3P《ポイント》をとったらもう何も残らねえ…!!　もうオレにはリングしか見えねえ――」

そうして放たれた3ポイントシュートは2回連続で決まります。

3ポイントシュートというのは、どんなにいいプレーヤーでも5割しか入らないと言われています。

それにもかかわらず湘北は三井の3ポイントで点を取りに行きます。

「こりゃ入りっこねえ……‼　フォームがバラバラだ‼」

流石に3度目の3ポイントはリングに当たってしまいます。しかし、そこにいたのは桜木。彼がリバウンドでとったボールを受けて、三井は再び3ポイントシュートを決めます。

そう、心身共に限界の三井がシュートを放てるのは、

・自分のためにスクリーンをかけてくれる赤木
・その一瞬を見逃さずパスをくれる宮城
・落ちたボールをリバウンドしてくれる桜木

という仲間の存在がいたからです。

「信頼…⁉　湘北にそんな言葉があったか⁉」

と海南に言われてしまいますが、そこにはたしかに三井と仲間たちの信頼関係がありました。

そして、ここから湘北チームの猛追が始まるのです。

※　※　※

このシーンの三井は、「シュートを外したらどうしよう」というネガティブな考えを持っていません。

それは彼が成長し、**「自分やチームメイトを信頼できるようになった」**からでしょう。

彼が自分やチームメイトを信頼できるようになった理由は大きく2つあります。

ひとつは、**「ストレスの共有」**です。

三井は公式戦では1回戦からレギュラーとして戦っており、赤木や桜木、流川、宮城とはお互いによく理解し合っています。もしも三井の復帰がもう少し遅れていたのならば、山王戦でここまで3ポイントシュートを打てなかったかもしれません。

人間は**「ストレスの共有」を行うことによって親密度が上がる**ことはよく知られています。たとえば大きなミスが生じたとき、そのフォローを周囲が一緒に行うなどの行動をとると、お互いの信頼感も上がるものです。

そしてもうひとつは、本書でもすでに触れましたが**「成功体験」の獲得**です。

中学時代のＭＶＰ、そしてチーム復帰後の公式戦で幾度となく3ポイントシュートを決めたという実績があったからこそ、シュートを打てたとも言えます（もちろん仲間の存在も大きいのですが）。

さて、自信が持てない人に成功体験を積ませるためには**「少しずつでいいから行動を始めるようにうながすこと」**が重要です。

たとえば、映画などで主人公がビッグプロジェクトを達成したのを見て、

「自分もああいう仕事をできるようにがんばらなくちゃ！」

と感じたことは多いのではと思います。しかし、ほとんどの場合には3日も持たずに、元の木阿弥に戻ってしまったのではないでしょうか。

どんなに意識変革をしようと思っても、人間というのはそうそう変わらないものです。**そこでほんの少しでもよいから「本人ができる、具体的な行動」を始め、それを達成していけるようにうながす**ことが大切です。

また、このような『行動』を始めてもらう際も、こちらが、

「明日から○○してね」

ではなく、

「明日から、仕事で上手くやっていくには何をすればいいと思う？」

など、**部下自身に選択をさせることも重要**になります。

そうすれば「自分の決めたことだから」と考え、努力を継続することにつながることでしょう。

ただ、どうやっても自信がない人には、ときに厳しい言葉をかけなければならないときもあります。

そうした時には、本書の２章５節でも少し触れましたが、

「相手の長所を認めたうえで短所を指摘する」

ということが重要です。また、これに加えて「最後はほめて終わる」ということを第一に考えることができれば最高でしょう。

たとえばミスをした時に、あなたはどちらの言われ方をしたほうが嬉しいでしょうか？

Aさん：ああ、注文書をまた間違えたの？　前にもこんなことがあったのに、使えないヤツだな。せっかく最近はミスも減ってきたと思っていたのに……。とにかく、今後はこんなことのないように気を付けるんだぞ！

Bさん：注文書を間違えたか……。最近はミスも減ってきたし、すごくがんばっていたよね。それなのに久しぶりにミスをしたのは何かあったのかな？　君の業務をこなす能力は高いと思うし期

待しているから、無理はしないようにね。

おそらく、大部分の方がBさんだと思うでしょう。

しかし、人はえてしてAさんの話し方をしてしまいがちです。というのも人は、「最初に思ったことをそのまま相手にぶつけてしまうも、言い過ぎたと思ってフォローしつつ、でも最後は厳しく終わろう」とよく考えてしまうからです。

この言い方では相手としては、

「上司に叱られて嫌な気持ちになった」

としか思わない可能性があります。同じ注意の仕方をするにしても**「最後はほめて終わりにする」**ことを実践すれば、部下に与える印象は変わります。この鉄則を忘れないようにしましょう。

活用術のコツ

自信を持てない相手には、少しずつでいいから行動をさせ、成功体験を積ませることが効果的である。その際には行動を部下自身に選択させること、指導の際には『ほめる→注意→ほめる』という流れを意識することが重要になる。

【第5章】木暮公延タイプの活用術

「メガネ君」の愛称で知られる木暮公延は、バスケ部の良心として部を支えてきました。三井や宮城が加入したことで小暮は控えに回ることになりましたが、彼はただの「ベンチ要員」ではありません。3年間がんばってきた彼のプレイもまた、湘北の勝利には欠かせないものでした。

とはいえ、普段の彼は部員間の調整に忙しく、問題児の桜木に振り回されることもしばしば。そんなときでも怒りを見せることなく、桜木をなだめていました。

そこで、彼のように、

- **周囲に振り回されてしまうタイプ**
- **過小評価されてしまうタイプ**
- **感情をあまり表に出すことが苦手なタイプ**

などを「木暮公延タイプ」として、支援する方法を解説します。

【木暮公延タイプの活用術──①】

周囲に振り回されてしまうタイプ

～ジャンプコミックス『SLAM DUNK』3巻より～

いつの時代も「良い人」というのは損をしてしまうことが多いものです。人が良いあまり、得意先からも「あの人ならもう少し待ってくれるだろう」と考えられてしまったり、下請けからも納品を待たされてしまうような、周囲に振り回されがちな部下をフォローする方法を今回は解説いたします。

庶民のシュート（レイアップシュートのことです）がまったく入らなかった桜木。

そんな桜木は悔しかったのか、早朝に一人で練習をしています。そこに偶然出くわしたのは、晴子さんでした。

そこで桜木は彼女と一緒にシュート練習を行います。何度か彼女と練習した中で「ボールは置いてくる感じ」というコツを掴んだのか、その日ようやく1本目のシュートが決まります。

桜木はそれがよほど嬉しかったのか、赤木に報告に行きました。しかし、

「たわけ」

の一言で一蹴されてしまいます。

「まったく、レイアップが一度入ったくらいでうかれててどーする!!」

と、赤木は厳しい一言。しかし、これに対して木暮は、

「いやあしかしまあ大した進歩だよ。まだ習ったばかりなのになあ桜木」

とフォロー。桜木はそれを言われて「へっへっやっぱり？　そう思う？」と喜びます。

「バカ者。シュートは毎日の反復練習が一番大事なんだ。うかれてるヒマがあったら練習せい、たわけが」

と赤木。

「いやあ、まあしかしこんなに成長の早いヤツは初めて見たよ。その調子でガンバレよ、桜木」

と木暮。

これがいわゆる湘北名物アメとムチと言われる指導方法のようです（来年はきっと、宮城リョータが〝赤木役〟、安田が〝木暮役〟を務めるのではないかな、と個人的には思います）。

このアメとムチが効いたのか、**その後、桜木は「フッフッフッこれが天才につきものの影の努力って奴だな…（中略）フフフ見てろよゴリ…ルカワ!!」とやる気を出し、一人自主トレに励みます。**

※　※　※

湘北チームに欠かせないプレーヤー・木暮はとても優しい性格のため、とくに桜木によく振り回されています。

たとえば陵南との練習試合のとき、「ユニフォームを貰わないと嫌」という桜木のわがままに、仕方なく10番の背番号を譲ってあげました（練習試合だから、とのことでしたが桜木の番号は以降ずっと10番で定着しました）。ほかにも、桜木が他の選手ともめたときなどにも仲裁に入っています。その苦労たるやなみなみならぬものがあるはずです。

さて、彼のような「周りに振り回されてしまうタイプ」は、マンガにあるように**赤木のような「厳しい役」の人とペアを組ませると良い**でしょう。

「言うべきことはしっかり言う人」と、

「相手の話をしっかりと聞く人」

という2人がコンビを組めば、お互いの短所を補い合い、長所を伸ばすことができます。

また、厳しい方が、

「○○さんがいるおかげで、私も仕事がしやすいですよ」

などと「相手の話をしっかり聞く」役のことを人前でほめれば、部下などに「あの厳しい人が認めているのだから、実は○○さんはバカにしちゃいけない人なのかも」と思わせることもできます。

もっとも木暮の場合は、単に桜木に振り回されているというわけではありません。桜木は桜木なりに木暮のことを認めており、**2人の関係は非常に良好**です。言ってみれば桜木にとって木暮は、なんでも言える、親しみやすい尊敬できる先輩でしょうか。

この「周りに振り回されているようでありながらも、実は良好な関係」を築くには、

「相対的にほめる」

という方法が有効です。

アメリカの心理学者、フェスティンガーは**「社会的比較理論」**という言葉を提唱しました。これは簡単に言うと**「人間は周囲と自分を比べることによって自分の立ち位置を確認する」**というものです。

たとえばテストで点数を取った時には、自分が何点取ったかだけでなく、「平均点はどのくらいで、自分の点数は全体の中でどの程度の位置なのか」という「相対比較」が気になるはずです。

この「相対比較」は自分の評価を知る上での指針になる一方、これを持ち出して注意をされると非常に腹が立つという性質があります。

みなさんも小さいときに、

「○○さんの家ではちゃんと宿題をやってから外に遊びに行くのに、あなたときたら……」

「△△君はとても良く算数ができたな。それに引き替え、あなたは……」

などと親や先生から言われて不愉快な思いをしたことがあるのではないでしょうか。

しかし、それを逆に、

「普通の家では宿題をサボる人が多いらしいのに、あなたはちゃんと宿題を行えてえらいのね」

など、ほめ言葉にしたら「ちゃんと勉強して偉いね」と言われるよりも、がんばって宿題をやる気になることでしょう。

このように人間は、

「世間一般だったら○○なのに、君はきちんとやっていてすごい」

などのように「周囲と比較してデキが良い」と言われると、自信につながりますし「もっとがんばろう」という気持ちになるものです。

桜木花道も木暮君から、

「普通ならここまで上達することはめったにない」

などとほめられていました。それが2人が良好な関係を築くポイントになったのかもしれません。


さて、このような「相対的なほめ方」は、ビジネスに応用することも可能です。

普段はクレーム報告などで得意先にあしらわれてしまうような人でも、

「一般の企業であればこういうクレームなんか門前払いなのに、きちんと話を聞いて下さるだけでもありがたいですよ」

と言えば、向こうも、

「自分が他の会社の連中とは違うところを見せたい」と思うことにも繋がり、対応の方法を改める可能性があります。

ただし、言うまでもないことなのですが、「○○社と比べて△△社は安くて品質も良いものを使っていていいですね」などの**個人名や企業名を出すとトラブルのもとになることは必至**ですので、あくまでも「一般論と比較する」という形式でほめるようにすると良いと思います。

「周りに振り回されやすい」ということは、裏を返せば周りにとって**「近づきがたいと思わせない柔らかさを持っている」**とも考えることができます。

その長所を消すのではなく、新しい人間関係を追加したり、コミュニケーションのパターンを少し変化させることによって、その人ならではの良さを引き出すことが何よりも重要となるでしょう。

活用術のコツ

人が良いために周りに振り回されやすいタイプは、厳しい人と一緒に組ませることによって、バランスを取るようにする。その際、「相対的に相手をほめる」という方法を使うことで、周囲とより良好な関係が築けるようにうながしていく。

【木暮公延タイプの活用術―②】

突然キレてしまうことがあるタイプ

～ジャンプコミックス『SLAM DUNK』8巻より～

普段おとなしい人ほどキレると怖いものです。また、キレるということはなくとも、普段はおとなしくて真面目なのに突然会社を休み出したり、仕事をサボりだしたりする部下もいることでしょう。そのような相手にはどのように対処するかを解説します。

体育館に不良を引き連れて暴れまわっていた三井。

しかし、格闘技の天才でもある桜木と、彼の大事な相棒である水戸洋平、そしてその他3人の活躍によって不良は全員叩きのめされます。

なぜ三井が体育館で暴力事件を起こしたのか。

これを木暮は話してくれます（詳細は第4章1節を読んでください）。

「三っちゃん、本当は…バスケ部に戻りたいんじゃ…」

三井はそう尋ねた堀田の腹を殴りつけると、

「関係ねーことをベラベラベラベラしゃべりやがって!!」

と木暮を突き飛ばします。しかし、それでも木暮は笑顔を向けて、

「三井…あ…足はもう治ったんだろ？　だったら…だったらまた一緒にやろうよ…!!」

と三井を誘いました。

それを聞いて三井は激高します。

「バッカじゃねーの!?　何が一緒にだ、バァカ!!　バスケなんてもうオレにとっちゃ思い出でしかねーよ!!　ここに来たのだって宮城と桜木をブッつぶしに来ただけだ!!　いつまでも昔のことをゴチャゴチャゆーな!!　バスケなんて単なるクラブ活動じゃねーか!!　つまんなくなったからやめたんだ!!　それが悪いか!!」

そう言って、また木暮を突き飛ばしました。

すると、木暮がついにキレます。

三井の胸ぐらを掴みあげると、

「何が全国制覇だ……何が日本一だ!!　何が湘北を強くしてやるだ!!　お前は根性なしだ……三井……ただの根性なしじゃねーか……根性なしのくせに何が全国制覇だ…夢見させるようなことを言うな!!」

そう叫びました。

さすがの三井もこれには堪えたのか、

「昔のことだ‼　もう関係ねえ‼」

と、木暮を乱暴に突き飛ばしました。

※　※　※

この体育館で三井に突き飛ばされてからの流れは、木暮の出番の中でも非常に印象的です。

さて、普段温厚な木暮が三井の胸ぐらをつかみあげてキレるシーンですが、この行動は、

「バスケットボールを『単なるクラブ活動』だと馬鹿にされたから」

というよりも、

「三井がいつまでも前を向かずに過去にこだわっているから」

であるというのは明らかでしょう。

実際、回想シーンの様子などを見ると、木暮は誰よりも三井と一緒に全国を目指すことを夢見ていたことがはっきりとわかります。

このような「背景」があったからこそ、木暮は三井の発言が許せなかったのでしょう（実際、コミックス2巻で青田が赤木に対して「籠球ごとき浮ついたスポーツ」といった時には、一緒にいた木暮は何も言いませんでした）。

このように、**どのような物事にも背景になっている部分がある**ものです。

これを理解しないで部下を単に「キレやすい人」と判断してしまうことは、このシーンを見て『木暮は、意外と短気な奴なんだな』と勘違いしてしまうようなものです。


では、彼らの背景を誤解することなく把握するためにはどうすればよいのでしょうか。

これについては、心理学の世界でも良く用いられている**「図と地の概念」**を理解することが有効です。

ここで言う『図』とは我々が普段意識している部分であり、『地』というのは意識していない部分を指します。

たとえば雑誌の表紙などを見ていて気になる見出しが目に入ってきたら、他の見出しは意識に残らなくなると思います。この場合は気になった見出しが「図」となり、それ以外の記事が「地」となります。

部下のことをしっかりと理解するためには、目に留まりやすい「図」ではなく、見えにくい「地」……すなわち、普段意識していないところにあるものを理解することが重要になります。

しかし、この「地」というのに気づくのは意外と難しいものです。

どのように気がつけばいいのか、ひとつ例を挙げて考えてみましょう。

ここに中学生のAさんという人がいます。

Aさんは、担任の先生にとっては悩みの種でした。

なぜなら授業は真面目に受けないし、気に入らないことがあればクラスメイトを殴り、当然教師に逆らってばかりで、対処するのにも一苦労という状況だったからです。

そこで、Aさんのためにも学校のためにも、何とか現状を打開する方法を考えようと、ある日、Aさんの担任はAさんのお母さんを呼び出しました。そして学校での様子を話したうえで、

「Aさんのために、何かできることはありますか？」

とAさんのお母さんに尋ねました。

ところがAさんのお母さんは、顔を真っ赤にして怒りだしました。


「いったいあなたの学校での教育はどうなってるんですか！

家庭では、Aはそんなことを絶対にやらない良い子なんです！

家に帰ったら毎日3時間の予習復習をやってますし、塾だって、しっかり通っています！

ゲームもスマートフォンも、絶対にやらせませんし、テレビも私が良いと思ったものしか見せませんが、おとなしくしています！

少しでも生意気な口を利いたら、叩いて言わせないようにしています！

かわいい我が子のために、心を鬼にしてスパルタ形式で教えてあげているんです！

Ａが学校で問題行動を起こすのは、あなたがたが甘いからじゃありませんか？　自分たちの力量不足を棚に上げて私に助言を求めるなんておかしいです！」

そう言って、Ａさんのお母さんは会議室から出て行ってしまいました……。

……いかがでしょうか？

多くの読者の方は、

「これは学校じゃなくてＡさんの母親に問題があるんじゃないか？」

と思うことでしょう。

しかし、Ａさんの母親にとって、自分の言動というのは「地」になっており、学校でのＡさんの行動や、それに対する教員の対応だけが「図」になってしまっているのです。

このように、**問題行動やその周りの人間ばかりが「図」になってしまうせいで「自分の言動がプレッシャーを与えているのに、正しい指導をしている」と勘違いしてしまうことはよくある**ものです。

部下との付き合い方もこれと同様です。

普段から相手を萎縮させるような言動を取っていれば、確かに「あなたの前では」真面目に仕事をすることでしょうし、あなたに対しては愛想よく振る舞うことでしょう。

しかし、その反動であなたがいないところで不適切な言動をとってしまったり、あるいは、いつか爆発してキレてしまう可能性があります。

そのため、彼らのような部下と仕事をするうえでは、**「部下と自分は上手くいっている」と思っている時こそ、その思いが自分の独りよがりによるものではないか、しっかりと考えることが重要**になります。

活用術のコツ

突然キレてしまう人には必ず何らかの背景がある。その背景を理解するには、普段意識を向けていない「地」の部分を見ることが重要。特に「上手くいっている時」のこちら側の言動は意識しにくい「地」となってしまうことがあるので、注意することが必要になる。

【木暮公延タイプの活用術――③】

プレッシャーに弱いタイプ

〜ジャンプコミックス『ＳＬＡＭ ＤＵＮＫ』15巻より〜

絶対に失敗できないプレゼンなど、プレッシャーがかかる大事な場面……。普段はできているのに、そんなときに限って不安になって実力が発揮できないタイプの人がいます。そういうプレッシャーに弱いタイプは「自己効力感」が不足している可能性があります。

地区予選の決勝リーグ、湘北vs王者・海南の戦いは大激戦でした。

試合のカギを握っていたのは、海南のエースである牧。彼は海南の攻撃の中心であり、彼を止めなければ湘北の勝利はないと言っても過言でないほどの強敵です。

試合終了まで1分24秒。

桜木の決死のアシストと流川のダンクシュートにより、湘北はついに4点まで差をつめます。

ここで最後の力を使い果たした流川は、木暮公延と交代することとなります（このシーンで流川は震えながら『ちくしょう…!!』と拳を握ります。しかし、ここで自分の体力面の問題に気がついたためか、陵南戦では体力を温存する作戦に出て、勝利に繋げました）。

そしてボールは再び、海南の牧にきます。

ここで正面で相対した木暮は、思わず気圧されてしまいました。牧の迫力に押され、実際に体に触れられたわけでもないのに、その場にしりもちをつきそうになるのをやっとのことでこらえるほどでした。

それほどに牧の実力は本物だったのです。

フェイクをひとつ入れて、湘北ゴールに迫る牧。フェイクを入れたのは、木暮ではなく、その後ろでブロックをしようと待ち構えていた赤木を欺くためでした。牧の見事なフェイクに引っ掛かり、タイミングをずらされる赤木。しかし、その手はわずかに牧の視界を遮っており、牧のシュートは外れます。

このボールを赤木がリバウンドし、反撃の第一歩となりました（こう書くと木暮が使えない選手のように思うかもしれませんが、その後に『相手の足に当ててボールを外に出す』という頭脳プレーで、ボールを取り損ねた三井のミスをフォローするなど、しっかりと活躍しています）。

※　※　※

いまにして思うと、木暮は翔陽戦、海南戦、陵南戦と、地区予選のほぼすべての試合で、最後の大詰めを任されていますね。

さて、この海南戦では、木暮はプレッシャーによって動けなくなってしまうことがありました。その理由はやはり牧が並みはずれた選手だったからでしょうが、もしも木暮が桜木のような性格だったら、プレッシャーに気圧されるようなことはなかったかもしれません。そう、「プレッシャー」で動けなくなるのは、**「自己効力感」**が不足していることが要因のひとつなのです。

この「自己効力感」という言葉は、カナダの心理学者、**アルバート・バンデューラが提唱した理論**であり、一言で言ってしまえば**「自分で物事について『何とかやれる』と思う気持ち」**のことです。これがあると、同じ課題であっても「できないと思うからやめておこう」から「がんばればきっとできるはずだ、がんばろう！」と前向きに取り組むことができます。

さて、この自己効力感とは大きく分けて次の４つの方法で上げることができます。

1、**達成経験**（自分の成功体験のこと。仕事で上手くいったことから自信を持ち、他の課題に取り組めるような気分になることなどを指す）
2、**代理経験**（他者の成功体験のこと。先輩が受験に合格したことを聞き『自分だってその学校に合格できる』と思うことなどを指す）
3、**言語的説得**（言葉でやる気をもらうこと。苦手な仕事に取り組む際、人から励まされることで

『きっとできる！』と思うことなどを指す）

4、情動的喚起（気持ちが高まること。『ここが勝負どころだ！』と気合を入れることで苦手な課題に取り組めると思うことなどを指す）

前の節でも触れていますが、特に**「達成経験」を積ませるように支援することは、プレッシャーに弱い部下を伸ばす上でとても重要になります。**

具体的な例をひとつ出してみましょう。

もしもあなたが初めて入った会社で、いきなり、

「毎月100万円の売上を出せ」

と言われたとしても実現させるのは、なかなか難しいはずです。

しかし、「今月は1日に一度でいいから、得意先にあいさつをするようにしろ」と言われたらどうでしょうか。おそらくは「何とかなる」と思うことでしょう。

そしてこれが達成できる度に「よくできたな」「がんばったな」とほめれば、やがては「毎月売り上げを100万円達成する」という難題にも前向きな気持ちで取り組むことができるかもしれません。

ただ、注意しなければならないことは**「難しいことは人によってそれぞれ」**ということです。

たとえば人づきあいが普段から苦手な人にとっては「毎日得意先に電話をかけること」自体が苦痛となっており、なかなか成功体験を持てない可能性もあります。また、仮に言われた通りに電話をかけて

も得意先を怒らせてしまえば逆に「失敗体験」になってしまいます。

このような方に対してはたとえば「毎日10分、一緒に電話応対の練習をしよう」といったように、本人の苦手な部分を補完できるような課題を行うといいでしょう。

逆に普段から人づきあいが得意な人に対して同じ課題を出してしまうと「自分はこんな簡単なことに時間を取られたくない」と思われてしまい逆効果になる可能性もあります。

そのような相手であれば、**より難しい課題を出していけば、**

「自分はこの分野は人よりもできるんだ！」

という自信を持たせることにもつながることでしょう。

プレッシャーに負けないように成功体験を積ませることは重要ですが、あくまでも『どのような課題を出していくか』は人によってきちんと使い分けていくことをお勧めいたします。

活用術のコツ

プレッシャーで動けなくなってしまう部下の内面には、「自己効力感の低さ」があることも考えられる。そうした部下を支援するには成功体験の積み重ねが有効。比較的容易に達成できる簡単な課題から初めて、徐々に難しくしていけば、仕事の取り組み方も変わってくる。

【木暮公延タイプの活用術―④】

なぜか過小評価されてしまうタイプ

～ジャンプコミックス『SLAM DUNK』20巻、21巻より～

実際には能力が高いのに、なぜか同僚や得意先から下に見られてしまう……、言い方は良くないのですが、世の中には「舐められてしまう人」というものがいます。こういう人の実力を発揮させるためには、どのような支援が必要となるでしょうか。その方法を見てみましょう。

舞台は陵南との公式試合。

実質的に「2位決定戦」となるこの試合で、インターハイに出場できるかどうかが決まります（アニメでは最後の公式戦だったので、記憶に残っている方も多いことでしょう）。

後半が始まると、前半体力を温存していた流川の奮戦もあって湘北チームがリードを広げていきます。しかし湘北はこの時、チームの精神的な支柱である安西先生を急病で欠くという致命的な不安要素を抱えていました。

一時は15点もリードしていましたが、仙道の天才的なプレイによってその差は一気に縮められてしまいます。さらに残り時間も２分18秒というところで、体力の限界を超えた三井が脱落。そこで仙道がフリースローを決めて、その差はとうとう１点に……。

そんなときに三井と交代してコートに出てきたのは木暮でした。彼を単なるベンチ要員として考えていた田岡監督は池上選手に対して、

「赤木・流川にボールが渡ったら必ずW《ダブル》チームにいけ。木暮はある程度離しといていい‼」

と指示しました。

しかし、この指示が陵南敗北の決定的な要因となりました。

試合終了直前。この池上が放ったボールを桜木がカットし、さらにこれを木暮にパス。そして、

「木暮フリーだ、うてっ‼」

赤木の叫びに呼応するように、木暮の放った３ポイントシュートは、美しい弧を描きゴールに吸い込まれていきました。

木暮のマークに当たっていた池上選手は『ディフェンスに定評がある』と二つ名がついているほどでした。もしも彼をきちんと木暮に当てていたら、こんな結果にはならなかったでしょう。

３ポイントを決めた木暮を見て、田岡監督は、

「あいつも3年間がんばってきた男なんだ。侮ってはいけなかった」

と後悔します。

そして試合ではこのリードを守りきり、湘北は見事勝利します（スラムダンクのすごさのひとつは、スポーツ漫画に良くある『逆転Vゴールで試合が終わる展開』ばかりでなく、こういう『リードを守りきって試合に勝利する展開』があるところだと思います）。

※　※　※

木暮は、湘北の中ではきわめて重要な役割を持つシックスマンです。先の陵南戦では実に14得点を決めているだけでなく、作中で描写されているすべての試合に出場しています。それにもかかわらず田岡監督は彼のことを甘く見ていたため、それが陵南が湘北に敗れる決定的な要因になってしまいました。

ここでは木暮が「なぜか田岡監督から過小評価を受けている」という特徴が良い方向に働きましたが、もしも彼が田岡監督のもとでバスケットボールをしていたら、きっとここまで伸びることはなかったのではと思ってしまいます。

彼に限らず周りから過小評価されやすい人は多いもの。彼らはなぜ下に見られてしまうのでしょうか。その理由のひとつとして考えられるのが、**「ハロー効果」**です。

人間は多くの場合**「ひとつの事象に目を奪われると、他の部分もすごくよく見えてしまう」**という特徴があります。たとえば、外見がカッコいい男性は仕事もできるように見えてしまうことは、よくあることでしょう。

これは湘北バスケメンバーの場合も同様です。

たとえば桜木は身体能力、流川はセンス、リョータはドリブル、三井は3ポイントシュート、赤木は身長など目を見張る点が非常に多くあります。しかし、木暮については、テクニック面での「目を見張る長所」というものは作中では描写されていません（性格面では、まさに湘北の要なのですが）。だからこそ「ハロー効果」が働かず、田岡監督は評価を低く見積もってしまったのかもしれません。

また、**「周囲からの評価」が高くなかった**ことも田岡監督が彼を見誤った理由かもしれません。木暮は他の選手と比べてプレーを評価される描写はあまり多くありませんでした。そのせいもあって、この時陵南サイドからは実質的にノーマーク状態でした。

また、木暮とは直接関係はありませんが、**「ハロー効果」は実力以上に能力を低く見せてしまうこともあります。**

これは**「明確な欠点があると、他の部分もダメに見えてしまう」**というもので、実際に宮城リョータなどは身長が低いことから実力を見誤られてしまうことも多くありました。社会人の場合には「身だしなみに清潔感がない」「話し方に学生っぽさが抜けない」「愛想が悪く笑顔を作れない」などの小さな欠点が、全体の評価を下げてしまっている可能性があります。

このような部下の評価を変えるのであれば、原因である「明確な欠点を取り除くこと」はもちろん、**こちらが「積極的に彼をほめて、評価を高めること」も重要**になります。実際、もしもあの場で彦一辺りが田岡先生に対して「けど、木暮君は前の試合で14点も決めてますよ?」と一言でも忠告していたのならば、結果は変わっていたかもしれません。

また、**人間は社会的な地位の高い人が言うことに説得力を強く感じる**ものです。

「毎朝30分のジョギングが仕事の能率を高める要因だ」

という言葉であっても、ビル・ゲイツが言うのと、そこらの酔っ払いが言うのでは、まるで説得力が違うはずです。実際に、安西先生が一言でも木暮について田岡先生と話すことがあったのならば、彼をチェックから外すことはなかったはずです。

すなわち、**ほめる時にはあなただけでなく「できるだけ地位の高い人がほめる場面をつくること」**が大切です。そうして周囲の評価が高まれば、木暮タイプの部下も自然と実力を発揮するようになるでしょう。

活用術のコツ

実力以上に過小評価されている場合、「目立った特技がない」ことや「目立つ欠点がある」ことが原因であるケースがある。そうした部下を改善するには、周囲にわかるかたちで積極的にほめたり、目立つ欠点を克服させて立場が上の人間がほめる環境をつくると成功しやすい。

【木暮公延タイプの活用術―⑤】

感情を表に出すことが苦手なタイプ

～ジャンプコミックス『ＳＬＡＭ ＤＵＮＫ』16巻、21巻より～

楽しいときに笑ったり悲しいときに泣いたりすることは、ごく自然なことのように見えますが意外と難しいもの。感情を表に出すのが苦手なタイプだと、疲労を溜め込んでしまうことがあります。そうしたタイプと接する時は「あいづちやうなづき」「おうむ返し」などを駆使して、感情を聞き出すことが重要です。

海南との戦いは湘北の敗北で終わりました。

湘北はあと１回でも負けたら、インターハイ予選敗退。彩子さんは「がけっぷち」と書いた紙を貼り出します。

次の試合は土曜日に武里戦、日曜日に陵南戦です。

桜木は残る２試合に勝つために、猛特訓をすることとなります。

目標はゴール下のシュートの習得。これができるようになれば、桜木もオフェンスに参加することができるようになります。

練習のノルマは、朝にシュート200本、昼休みに100本、練習後に300本の合計1日600本。もちろん、そのほか通常の練習にも参加しなければならないため、流石の桜木も疲れが見えています。

そんななか、

「ナイッシュウ!!　だいぶ形になってきてるぞ桜木!!」

と拍手をしながら木暮が入ってきます。

「こんな遅くに帰ってないとウチの人心配するだろう?」

そう心配する桜木に、木暮は「お前はどーなんだ」と笑いながら答えて、

「なんか手伝うことないかな」

と聞きます。そしてパス役を受け持った木暮。

「メガネ君はいい奴だな…オレのために…親に怒られてまで……」

そう感心する桜木に木暮は、

「オレは3年だから……これが最後だからな。もしI-H《インターハイ》に行けなかったら…あさっての陵南戦が最後だ。あと三日で引退だ。悔いは残したくない」

と告げます。

それから数日後。

湘北は武里・陵南に連勝し、インターハイの出場を決めました。

そして桜木は木暮とお互いの体を叩きながら、

「引退がのびたな、この天才のおかげで！」

と喜びました。

「泣かすなよ…問題児のクセに…」

木暮はメガネをかけ直しながら、そう言うのでした。

※　※　※

作中の描写を見ていると、基本的に木暮は問題児軍団のフォローに回ることが多いです。その一方で怒るシーンはほとんどなく、作中で明確に怒ったのは前述した三井の件だけでした。

すなわち木暮は基本的に周りのフォローに回ってしまうので、ここで紹介した「明後日の陵南戦にかける意気込みを語るシーン」のように、自分の気持ちや思いを人前で吐露する場面はあまり多くありません（特に、コミックス序盤では桜木と赤木の間を取り持つ役目を、ほぼ1人で背負っていました）。

しかし、**現実に木暮のような「周りのフォローをすることに追われる」という性格の方は、感情をはっきりと示す機会が少ないこともあり、疲労を溜めこんでしまう**ことがよくあります。

そのため、本人が我慢し切って、いつの間にかダウン……という事態を防ぐためには、日頃からその人物の話を聞く機会を作ることが重要です。しかし、単に話を聞くとしても、

「何かあったらいつでも言ってくれ」

のような「上から目線」だと、木暮のようなタイプの人はあまり相談してこないでしょう。

また、つい相手が暗い表情で話をしていると、

「落ち込んでないで元気出せよ」

などと、「励まし」をしてしまいたくなるものですが、**安易に励ましてばかりだと相手は、「励ましてくれてるんだから、元気を出さなきゃな!」と、疲労を自分の心の中にしまいこんでしまう**可能性があります。

そこで、木暮のような自分の感情をあまり表に出さないタイプのホンネを引き出すには、**「あいづちとうなづき」「おうむ返し」、そして「感情への応答」を心掛ける**ことが重要です。

とは言え、実例がないと想像しづらいと思いますので、ここでひとつ例を挙げてみましょう。ここで2人の社員が話をしています。どうやら後輩のAさんは取引先に提出する資料を間違えたようです。

Aさん「先輩。実は先日、得意先に出した資料が間違えていて怒られちゃって……」

先輩「え?　ああ、よくあるよ、そういうの」

Aさん「そうですか?」

先輩「ああ。だから気にするなよ」
Ａさん「は、はあ……」

こちらでは「励まし」で先輩はＡさんに接しています。一見すると先輩はしっかりと応答しているようですね。それでは、次はこちらの例を見てみてください。

Ａさん「先輩。実は先日、得意先に出した資料が間違えていて怒られちゃって……」
先輩「え、資料が？」
Ａさん「はい。それで『お前、何年会社員やってるんだ！』って怒られて……」
先輩「うわあ……。そんなこと言われたのか……じゃあ、へこんじゃうな」
Ａさん「そうなんです……だから僕、最近会社を辞めたいと思っていて……」
先輩「会社を辞めたい？　どうしてそう思うんだ？」
Ａさん「だって、この間は遅刻して部長に迷惑かけたし、プレゼンの配布部数も間違えたし……」
先輩「ふむふむ」
Ａさん「これじゃあみんなに申し訳ないと思いますし……」
先輩「周りに迷惑かけるのが心苦しいんだな」
Ａさん「はい。最近は残業が多いのも辛くて……」

先輩「最近、残業時間が増えてるのか？」

Aさん「はい……最近仕事が多くて……妻が残業のことを怒っていて……（以下、家庭問題に発展）」

今度は「あいづちとうなずき」「おうむ返し」「感情への応答」をベースに会話をしています。

……いかがでしょうか？　**後者の例ではAさんが今までに少しずつ溜めこんできた気持ちが少しずつ語られています**。この場合、Aさんは『仕事をやめたい』という気持ちがあり、そのことについて先輩に話をしたかったのでしょう。ここで話に乗ってあげればAさんも気持ちが楽になりますし、今後のこともよりしっかりと考えられることでしょう。

人間、誰しも不景気な顔よりも笑顔を見たいものです。しかし、その気持ちに負けて安易な「励まし」をしないようにすることが、感情や気持ちを出さないタイプには重要になります。

活用術のコツ

感情をはっきり示すのが苦手で、不満や疲労を溜めこんでしまうことがある相手には、「あいづち」と「うなずき」、そして「感情への応答」で接することが重要。安易な励ましは、逆にプレッシャーを与えてしまうことがあるので注意が必要。

【第6章】

赤木剛憲タイプの活用術

「ゴリ」とも称されるキャプテン『赤木剛憲』は、チームの大黒柱であり、精神的な要です。

そのゴール下での圧倒的な強さと、どんな時にでも気を抜かない冷静さは湘北を何度も救いました。

しかし、物語初期の赤木は、桜木をはじめとする部員とたびたび衝突していました。また、バスケ部員にも「お前にはついていけない」と言われてしまうなど、周りがついてきてくれないこともありました。

そこで彼のように、

- **人と衝突してしまいやすいタイプ**
- **完璧主義になってしまうタイプ**
- **理想が高すぎて周りがついてこられないタイプ**

などを「赤木剛憲タイプ」として、彼のような部下への対応方法について解説を行います。

【赤木剛憲タイプの活用術──①】

人と衝突してしまいやすいタイプ

～ジャンプコミックス『SLAM DUNK』1巻より～

自分に厳しい人というのは、どうしても他人にも厳しくなってしまうものです。しかし、この時に言い方を注意しないとトラブルの原因になってしまうもの。そこで、今回は人と衝突しやすい部下をどのようにフォローするかについて解説を行います。

桜木のことを部員として認め、バスケットボール部の一員として迎え入れた赤木。

彼を含めた新入部員に自己紹介を行わせます（余談ですが、彩子さんと流川は実は同じ中学校の出身であることが、ここで語られます）。

そして練習を始める前に部員に、

「今年の目標は全国制覇だ‼　厳しい練習になることは覚悟しとけ‼　いいな‼」

と伝えます。

そしてさっそく練習開始……なのですが、初心者である桜木だけは、

「初心者だから基礎からみっちり！　ヨロシクな」

と彩子さんとドリブルの基礎練習をさせられることになりました。

他の部員がスクエアパスなど様々な練習をしているなか、自分だけ体育館の隅でダムダムとドリブル練習をさせられる桜木（これは、彼が差別されているのではなく、この年の新入部員はほとんどがバスケットボール経験者だったためもあるのでしょう）。

最初のうちこそ真面目にやっていた桜木でしたが、

「ふんぬーっ!!!!!　なんでオレばっかりスミッコでダムダムやってなきゃならねーんだ、もーガマンできん!!!」

と我慢の限界を超えて、ブチ切れてしまいます。

すぐさま練習を見学していた桜木軍団が止めに入りますが、桜木は彼らを一瞬で撃沈。そして、赤木を無視してスラムダンクを決めようとします。

そこにすかさずドロップキックをぶちかました赤木。

「キサマはスポーツというもんが全然わかっとらん!!　基本がどれほど大事かわからんのか!!　ダンクができようが何だろうが基本を知らん奴は試合になったら何もできやしねーんだ!!」

と怒鳴りつけます。これに対して桜木は赤木にヘッドバッドをかますなど、コートは大混乱に。

そんな中、それでもスラムダンクがやりたいという桜木に、赤木は、

「そのまえに身につけなきゃならんことが山ほどあるんだ、ルールも全く知らんくせに!!」

と言いますが、桜木は「こんなつまんねー部はもうやめる」と、体育館を後にしてしまいました。

※　※　※

物語後半では、チームをまとめる頼れるキャプテンという印象の強い赤木ですが、コミックスの序盤は意外にも周囲とよく衝突しています。

その原因のひとつと考えられるのが、赤木の会話における「否定文の多さ」でしょう。

コミックスの序盤では、赤木はとにかく否定文で会話をしていることが多いです。

今回取り上げたシーンでも、桜木が地味なドリブル練習を嫌うと、

「キサマはスポーツというものが全然わかっとらん!!」

と頭ごなしに否定しています。こうした口調だと、言われた側はどうしても反発してしまいます。

このとき、赤木が桜木が興味を持ってドリブル練習に取り組めるよう、

「ドリブルでかっこうよく敵を抜き去るシーン」

など、桜木がイメージしやすいように**「物事を言い換える」**ことをしていたら、こうしたトラブルはなかったかもしれません。

しかし、その後、赤木は「物事を言い換える」ことの重要性を学んだのか、**桜木に対する接し方を大きく変えていきます。**

たとえば、コミックス３巻でリバウンドを教えるときは、

「リバウンドを制する者は試合《ゲーム》を制す!!」

「まあ一夜づけじゃあ何ともならんかも知れんが…天才ならどーにかなるかもと思ってな…」

などと、桜木のプライドを刺激するような言い方に大きく変えており、**結果として桜木のヤル気を引き出すことに成功**しています。このように「表現方法」によって、受け手の持つ印象は異なります。

心理学の世界では、**物事の言い換えは『リフレーミング』という技法**で用いられています。

すでに本書で取り上げていますが、「リフレーミング」とは「物事の枠組みを外して、別な見方をする」ことです。

たとえばテストで「80点取った」とします。そのとき「テストで80点しか取れなかった」と考えるのか、それとも「20点しか間違えなかった」と考えるのか、考え方ひとつで物事の評価はだいぶ変わります。リフレーミングを使って考え方を変えることができれば、物事をポジティブにとらえなおすことができます。この技術を応用すれば、部下が他人と衝突することも防ぐことができるかもしれません。

ここで、ひとつ例を挙げましょう。あなたはまだ経験の浅い新入社員で、仕事上、大きなミスをして

しまったとします。そんな時、AさんとBさんという2人の上司に次のように声をかけられました。

Aさん：お前は何てひどいことをしたんだ！　得意先もカンカンだし、私の顔によくも泥を塗ってくれたな！　反省室で反省文を書くまでは戻ってくるな！

Bさん：お得意先がずいぶん困っていたよ。こんなふうになってしまって私も辛いけど、何より君自身が辛かったと思う。このままじゃ仕事を続けるのが苦痛だろうから、一度一人になって問題が起きた理由と再発防止策について考えてみるといい。そうして頭の中をリセットできたと思ったら、こちらに戻っておいで。

いかがでしょうか？

実はこの2人「反省室に行き、反省文を書いてこい」と同じことを言っています。

しかし、2人の表現方法を比べると、Bさんの言い方の方がずっと受け入れやすいですし、しっかり反省したうえで内容の濃い反省文を書こう、という気にもさせます。

このように、伝える内容が同じであっても**「相手が聞き入れやすいように表現を変える」と、相手の受け止め方はずいぶんと変わる**ものです。

たとえば倉庫整理についても単なる雑用ではなく、

「君が使いやすいと思う配置で、物品を整理してくれるか」
と頼んだり、データ入力についても面倒な行為としてでなく、
「物事に正確な君だからこそ頼める重要な作業だ」
と言ったりするだけで多少は変わると思います。

このように、「リフレーミング」は、周囲との円滑な人間関係をつくる上で、有効な手段になります
もしも「自分の求める能力に周りがついてきていない」と相手が感じているのであれば、「言い方を少し変えてみること」を提案してみると、相手にとっても周りにとってもいい影響があると思います。

とはいえ、「物事の言い換え」というのは、なかなかテクニックが必要です。とっさの場面でも対応できるように、**普段から「どんな表現に言い換えられるのか」といったことを考える習慣を持つ**ようにしたらいいでしょう。

活用術のコツ

同じ物事でも、言い方次第でまるで別のものに聞こえることがある。人と衝突してしまうことの多い部下を改善する場合は、「何を言うか」でなく「どのように言うか」が重要。相手が話に耳を傾けやすくするために、「リフレーミング」の技法を使って対処することが有効になる。

【赤木剛憲タイプの活用術―②】

ひとつの物事にこだわるタイプ

～ジャンプコミックス『SLAM DUNK』18巻より～

一度叱られるとそのことにこだわってしまいなかなか復活できない、ひとつの仕事をやり始めると他の仕事ができなくなる……。こういう人はビジネスの場で「ハートが弱い」「要領が悪い」などと誤解されがちです。上司としてそのような相手へはどう支援していけばいいのでしょうか。その方法を解説しましょう。

海南との戦いで、足を負傷した赤木。そのケガは陵南戦まで治りませんでした。

試合開始からしばらくの間は、ケガを気にせずプレーに専念していましたが、魚住と接触し、転倒したことがきっかけで、ケガしていたことを急に思い出してしまいます。

「ターンできるか…!? この足でいつも通りのステップを踏んだら悪化しないだろうか。テーピングは……？ テーピングはしっかり巻いてあるのか…!?」

「テーピングがゆるい気がする。もっとガチガチに固めとくべきだった」

どうしてもケガやテーピングのことが頭をよぎり、全力でプレーすることができません。

「ええい、あれこれ考えるな‼　プレイに集中するんだ‼」

と不安を振り切ろうとしても、

「この足で魚住に勝てるのか？」

そう思ってしまい、勝負に行くことができません。

魚住にいいようにやられている様子を見て、三井が赤木の異変に気づき、木暮にタイムアウトを取るように言います。

タイムアウトを取った時には、すでに4対13と9点もの差が開いていました。しかし、チームの大黒柱・赤木をベンチに下げることはできません。

「くそっ、これが最後なんだぞ‼　こんな大事な時に何をやってる‼　プレイに集中しろ‼　今までやってきたことを無駄にする気か‼　赤木剛憲‼」

赤木が必死で自身を鼓舞していると、桜木がやってきて、いきなり赤木の頭に強烈なヘッドバッドをかまします。コミックス1巻でも赤木をひるませたヘッドバッド。当然そんなものを喰らわせた桜木を木暮がとがめますが、

「このくらいしないと。人間じゃないんだから。目ェ覚めただろうゴリ？」

と、桜木は涼しい顔をしています。それを受けた赤木、

「バカタレが‼」

と怒鳴りながら、桜木にゲンコツで応えました。

そしてゲーム再開。桜木の強烈な頭突きが効いたのか、そこには全力でプレイするいつもの赤木がいました。

※　※　※

ひとつの物事にこだわってしまい、なかなか先に進めない。

ビジネスの場には、ときおり、そんなタイプの人がいます。

「叱られると、なかなか元の精神状態に戻ることができない」

「ミスの指摘をされてしまうと、パニックになってしまう」

あなたの周りにもそんな部下がいないでしょうか。

このような傾向のある部下を改善させるには、

「頭をキッチリ切り替えさせる」

ということが重要になります。


今回取り上げたシーンでは、赤木は当初、テーピングのことをまったく気にしていませんでしたが、魚住と衝突したことがきっかけで、急に頭からテーピングが離れなくなってしまいました。

三井が機転をきかせてとったタイムアウトでも、「テーピングのことはテーピングのこととして試合に集中する」という切り替えができなかった赤木。それを見かねた桜木がヘッドバッドの荒療治に出たことで、赤木はようやく気持ちを切り替えることができました。

さすがに〝ヘッドバッド〟はやり過ぎですが、これはひとつの物事にこだわる傾向のある部下に接する場合も同様です。

では、どのようにして気持ちを切り替えさせればいいのでしょうか。

その方法としてまず取り組みたいのが、**「本人がどのようなことで気持ちを切り替えられるのか」**を理解することです。

気分転換には様々な方法があります。たとえば、お気に入りの曲を聴くこともそうでしょうし、アメなど甘いものを食べたり、ゴムボールなどを握って軽いエクササイズをしたりといったことも効果があることでしょう。それらの中から適切な気分転換法を選び出し、「不安感を抑えるファーストエイド・キット」として部下に与えるのは有効です。また、「怒られたせいで不安定になってしまった」ならば、一度、その場から離れて気分をリセットさせるのも効果があるでしょう。

「ひとつの物事にこだわってしまうタイプ」は、その特徴から、

「話しをながら仕事することができず、雑談をし出すと完全に手が止まる」

「パソコン業務中に上司から受けた指示をきちんと聞いていない」

「商談の場などでは、メモを取るのに夢中になって相手を気遣えない」

などの失敗をしてしまう可能性もあります。

そういう問題を起こさないよう、**普段から「予防」、すなわち「環境調整」にも取り組んでおく**とさらに効果が上がります。

たとえば勉強をするときにも、特に役に立つ資料があるわけでもないのに、自宅よりも図書館で行う方がはかどることでしょう。これは場所が変わることによって『切り替え』ができたからです。


仕事の場合もこれと同じです。

そうしたタイプの部下をしっかり業務に集中させたいのならば、

「きっちりとパーテーションなどで区切ってしまい、無駄話をしないようにする」

「こちらの話を聞いてもらう時には仕事の手をいったん完全に止めてもらう」

「商談の時には、レコーダーを使わせてもらう（もちろん、相手に嫌な思いをされないための工夫も必要ですが）」

といった工夫をすることが重要になることでしょう。

さて、「ひとつの物事にこだわるタイプ」は、こうした工夫である程度改善させることができるのですが、そのときに気をつけたいのが、その部下が普段以上に「ひとつの物事にこだわる」様子を見せたら注意をする、ということです。

いつもより「ひとつの物事にこだわっている」様子がある場合、それは「不安の表れ」である可能性があるからです。

たとえば、あなたが海外に行ったとします。

言葉や文化が異なる、土地勘のない場所で、つい不安になったとします。そのようなときは持参した日本語の本がとても心強い存在に感じて、普段よりも長時間読書に励んでしまうと思います。

他にも、隣の家で窃盗があったなどと聞けば、急に部屋の鍵がどうなったか気になって仕方なくなってしまうこともあると思いますし、仕事でミスをしたら『これ以上ミスをするわけにはいかない』と過剰なまでにミスチェックに厳しくなると思います。

実際、作中の赤木も足のけがを気にしている際、「今日はオレの後ろに安西先生はいない。キャプテンのオレが……」と、安西先生不在ということでプレッシャーを感じていることを思わせるシーンがあります。

そんな不安があったからこそ、足の怪我が余計に気になったのかもしれません。

このように、何か不安に思っていることや、ストレスに感じていることなどがあるからこそ、安心を求めるためにそういう「物事にこだわる行動」を取っている可能性もあります。

そこで、部下のちょっとした変化があった時には、それとなく話を聞いてみることも重要です。もしもこれによって問題を「早期発見」することができれば、お互いにとっても良い結果が出るはずです。

ひとつの物事にひたすらこだわるということは、逆に言えばそれを究めることができるということでもあります。そうしたタイプは**わずかな環境調整を行うことで、ものすごいチカラを発揮する**こともあります。まずは彼らが働きやすい環境を作るということが重要になるでしょう。

活用術のコツ

ひとつの物事にこだわってしまう部下がいたら、「気持ちの切り替え」をうながすようにする。ただし、行動のこだわりが顕著に出ている場合は背景に何らかの不安を抱えているおそれがあるため、**不安の原因を探り出し、それを取り除いてやることが必要になる。**

【赤木剛憲タイプの活用術――③】

完璧主義になってしまうタイプ

～ジャンプコミックス『ＳＬＡＭ ＤＵＮＫ』27巻、28巻より～

物事を高い水準で成し遂げたいという気持ちは誰にでもあるもの。しかし、それが高じて完璧主義になりすぎると、どこまでやっても納得がいかないというジレンマに陥ってしまいます。完璧主義が高じている人と接する時は、その相手が持っている「思い込み」に気がつくことが重要です。


舞台は山王戦。

赤木の相手である「丸ゴリ」こと河田は、恐ろしい相手でした。

一言で表現するならば、「大っきくてウマい」。赤木クラスの巨体でありながら、動きは俊敏で、ドリブルはうまく、シュートエリアは広く、リバウンドも得意。欠点がありません。

それもそのはず、河田は高校入学時に身長が１６５センチしかなかったため、あらゆるポジションを経験してきました。その後、身長が25センチも伸びる間に、ポジションをポイントガードからフォワード、センターに変更。ようするになんでもできる選手なのです。

「花形透‼　高砂一馬‼　そして魚住‼　みな手強い相手だった。しかし神奈川の猛者共が子供に見える程に………河田雅史は住む世界が違う………‼」

そう赤木が思うほど、河田の実力は抜きん出ていました。

そんな強敵とマッチアップしているせいか、トラベリングを犯してしまうなど、普段のチカラを発揮できない赤木。その様子を陵南戦で赤木とマッチアップしていた魚住は、いらだちながら見ていました。

それからしばらくの後。

赤木はシュートを失敗した上にファウルを犯して、その場に倒れこんでしまいます。

そこに現れたのは、なぜか板前姿の魚住でした。魚住は手に包丁と大根を持ち、シャリシャリとかつら剥きをしていました（ちなみに河田は、そんな彼のことを『赤木の親父』と勘違いしていました）。

明らかに異質な魚住は警備員につかまり、試合会場から強制退場させられますが、去り際に赤木にこんな言葉をかけました。

「華麗な技を持つ河田は鯛…お前に華麗なんて言葉が似合うと思うか、赤木。お前は鰈《かれい》だ。泥にまみれろよ」

また、彼は意味もなく大根をかつら剥きにしていたわけでもありません。この大根は刺身のつま、すなわち「引き立て役」ということです。

その言葉を受けて、赤木は気づきました。

「オレが河田に勝てなければ湘北は負けると思っていた…………。オレがダメでもあいつらがいる。あいつらの才能を発揮させてやればいい」

ということに。そして、

「おそらく現段階でオレは河田に負ける。でも、湘北は負けんぞ――」

と考えます。

その直後、再びボールは赤木の手にわたってきます。

「来いや」とその前に立ちふさがる河田。

「Ｎｏ．１センターの称号はお前のモンでいいぜ。でもな、全国制覇は譲れんのだ…‼」

赤木は無理に河田と張り合うのではなく、チームメイトを活かして勝つ方向に、戦略を転換します。

そして、ここから湘北チームの怒涛の追い上げが始まったのです。

※　※　※

さて、**完璧主義な人の場合には、その背景に「べき思考」がある可能性があります。**「べき思考」とは、簡単に言うと**「〇〇すべきである」と考え、それができないことを許せないという考え方**です。

「社会人なら、英語ぐらい喋れるべきである」
「管理職になったら、売上を○○円まで上げるべきである」
と言って毎日無理をしながら英語の勉強をがんばったり、顧客を新規開拓するために毎晩遅くまで残業したり、といったものが「べき思考」の典型的な例と言えるでしょう。

赤木は作中の描写、特に序盤の描写を見ると「完璧主義」なところがあるように見受けられます。コートをきちんと磨いたか、ボールを綺麗にしているかなど、様々な場面で赤木は部員たちに「完璧であること」を求めています。そして山王戦でも、
「湘北を勝利に導くには、自分が河田に勝つべきである」
という「べき思考」にとらわれてしまったこともあって、プレーに支障をきたしてしまいました。

このような「完璧主義」を持っていると、周囲との軋轢が生じるだけでなく、自分自身にも辛い状況を招くことになります。

なぜなら**「こうあるべきだ」という「べき思考」が強すぎると、自分で自分に過度のプレッシャーをかけてしまう**からです。

さて、このような「べき思考」を変えるためには「新しい考え方」を持たせることが重要です。

今回取り上げたシーンの赤木も、

「河田に勝てなくとも、チームとして勝利することができる」

という新しい考え方を持てたからこそ、従来の動きを取り戻すことができました。

これは、ビジネスの場でも同様です。

完璧主義であり、何から何までできていないと気が済まないような人の場合には、その背景にある不安感なども理解した上で、

「それができなかったら最悪どうなるのか」

「もし、同じことでこちらが悩んでいたらどう思うのか」

などの質問をしてみることが、「べき思考」に気づかせる上で有効なものになるかもしれません。


この「べき思考」を相手に気づかせる際も、やはり**こちらが相手のことを理解しようという姿勢があることをしっかり示す**必要があります。

どんなに優れたタネも、コンクリートのうえでは芽吹きません。

人間関係も同様で、**相手との人間関係の土台作りがしっかり行えていないと、「べき思考」の理論を持ち出しても「いきなりそんなこと言われてもなあ……」と思われてしまうだけ**でしょう。

そのため、まずはじっくりと話を聞いて相手自身が**「この人には、自分のことを色々と話せる」**と思えるような関係づくりをすることが、重要になります。

先ほどの「社会で活躍するには英語を完璧に話せるようになるべきである」と考えている部下に対しても、まずはその人の持っている不安な気持ちや辛い思いを理解するように心がけます。

そして、十分な関係づくりができた後に「べき思考」について一緒に話し合う方が、一見遠回りに思えても問題解決の近道になることでしょう。

活用術のコツ

完璧であることを求めすぎてしまう背景には、「べき思考」がある可能性がある。「べき思考」を持っている部下と接する際は、十分な信頼関係を築いた後で、「べき思考」に対抗できる新しい考え方を持てるように一緒に考えていくことが重要になる。

【赤木剛憲タイプの活用術――④】

理想が高すぎるタイプ

～ジャンプコミックス『SLAM DUNK』30巻より～

物事に対して、理想を高く持つことは重要です。しかし、その理想があまりに高すぎると、周りから敬遠されてしまったり、反感を持たれるなど、関係性を悪化させてしまうことがあります。周囲がついてこられないほど理想が高いタイプにはどう接すればいいのでしょうか。その方法を解説しましょう。

山王工業との決勝戦も、試合時間が残り2分を切りました。

才能が開花した流川が放った3ポイントシュートが見事に決まり、ついに湘北は5点差まで接近。

いよいよ湘北の逆転が見えてきた状況で、山王側はタイムアウトを取りました（この時、流川はチームメイトとハイタッチをしますが、桜木とだけは相変わらずやりません）。

「さあ、こっからが湘北、炎の追い上げだぞ!!」

と気合を入れる宮城たちチームメイトを見て、赤木は昔を思い出します。

いまよりしばらく前のこと。

教室に忘れ物をした赤木は、部員やクラスメイトの立ち話を耳にします。

その話を聞くと、部員たちは補習・追試と理由を付けて部活をサボっていたようです。

「はっきり言って……あいつにはついていけねーよ」

「武士だもん！　なんかあいつ」

「そう……今日もさ。なんかふっるい週バス（※バスケットボール雑誌）見せられてさ。コレがオレの原点であり……最終目標なのだ…」

そう言っていたところに赤木は乱入。部員を持ち上げ、壁に向けて投げつけます。

ふらつきながら立ち上がる部員は、

「き……強要するなよ。全国制覇なんて。山王工業に挑戦したいなら、海南にでもいけばいいだろ。ここは神奈川県立湘北高校だぜ。とりたてて何のとりえもない……フツーの高校生が集まるところさ。おまえだってでかいだけでヘタだから海南にも翔陽にも行けなかったんじゃねーか。海南だってはるか雲の上なんだ。強要するなよ、全国制覇なんて。お前とバスケやるの息苦しいよ」

そう言われた赤木。

しかし、体育館では木暮が彼を待っていました。

「何やってたんだ赤木‼　みんなとっくに帰っちゃったぞ‼　リバウンドしてくれよー‼　この机ちゃ

んとパス返してくれないんだ‼」

そう、彼は部員が帰った後も居残り練習を続けていたのです。それを見た赤木は「わはは‼」と元気を取り戻すのでした。

そんなシーンを思い出し、赤木は涙を流します。

※　※　※

3年生は3人、2年生は4人、1年生は5人が湘北のメンバーです。

ここで気づいたと思いますが、湘北メンバーは3学年合わせても12人しかいません（最初の陵南戦の時には、かろうじて13人はいました。桜木がこの時ユニフォームをもらえなかったのもそれが理由です）。おそらく、これまでに相当な数の部員が辞めているであろうことが推測できます。

さて、今回取り上げたシーンでは、**「赤木の理想が高すぎるあまり、木暮以外の部員がついてこられなかった」**という湘北バスケットボール部の過去が明かされます。

三井の退部にまつわる回想で、三井と赤木の2人がバスケ部に入部したときは、他にも多くの新入部員がいた（三井と同じ武石中学出身者の姿も描かれています）ことが書かれていたので、おそらくそれらの部員たちは木暮を残してみな辞めてしまったものと思われます。同級生に去られるというのは、なかなかつらいものがあります。**木暮という「理解者」がいなければ、おそらく赤木は挫折していた**ことでしょう。

さて、こうした「目標が高すぎる」タイプというのは、実は部下よりも、赤木のように周囲を引っ張る立場に多くいます。

みなさんも、部下と接していてつい「自分の理想を押し付けてしまった」という経験をお持ちの方がいらっしゃるかもしれません。安西先生という〝責任者〟と部員たちという〝部下〟に挟まれた赤木はいわば中間管理職のような立場です。程度の差こそあれ、目標を高く設定し、周囲に理想を押し付けてしまうということはあるものです。

なにかを成し遂げるうえで高い目標を持つことは、決して悪いことではありません。

では、その目標を周囲と共有するには、どのようにしていけばいいのでしょうか。

まず知っておきたいのは、**ヤル気というものは「あるか、ないか」では測ることができない**ということです。

赤木が湘北高校に入学した年、バスケットボール部には三井の中学時代のチームメイトも入部していました。彼らは三井と同レベルの練習を3年間続け、全国制覇を成し遂げた中学バスケの猛者でした。

しかし、彼らは3年になったとき、誰もバスケ部に残っていませんでした。

彼らにヤル気がなかったのでしょうか。いえ、そうではないと思います。中学で全国制覇を成し遂げたのですから、それなりにヤル気を持って湘北バスケ部の門を叩いたはずです。

もしも彼らが「初戦突破」「2回戦勝利」といった**成功体験をひとつずつ積んでいけば、それらが自信になって赤木の掲げる「全国制覇」を目標にできた**可能性はあります。ヤル気というのは「あるか、ないか」ではなく、段階があるということをまずは理解する必要があるでしょう。


では、その段階というのはどのようにして作っていけばいいのでしょうか。

そのヒントとなるのが、**「ミラクル・クエスチョン」と呼ばれる技法**です。

これは本来、心理学の短期療法における技法なのですが、簡単に言うと**「問題の原因を考えて、それをもとに善後策を考える」のではなく「問題が解決した状態から逆算して、今後の方法を考える」**というアプローチのことです。

たとえばもしも赤木のような立場で部員の指導を行う場合、

「今の1、2年生はやる気が全然ない。どうすれば、やる気が出るのか？」

といった問題思考で考えるのではなく、

「もしも明日、部員たちが全国制覇を目指して練習しているとしたら、なにが起きているのか」

と考えることが重要です。

たとえばこれで

「インターハイ出場できるという自信を持つことが大事」
「インターハイに行きたいという気持ちになってもらうことが大事」
ということに考えを進ませることができれば、それを元に部員への適切な指導方法を考案することができるはずです。

そのほかでは、**周囲の人たちの「リソース（資源）」を探るアプローチも重要**です。

ここで言う「リソース」とは、過去に積み上げてきた体験や経験のことです。

木暮は他の部員が部活を去る中、赤木のそばでがんばり続けました。それは「赤木と一緒に中学3年間をがんばり抜いてきた」という体験や「それでも弱小チームで終わってしまった」という経験があったからこそ、結果が出なくても厳しい練習にも耐えられたのかもしれません。

一方、バスケ部を去った部員の中には、三井寿の中学時代のチームメイトもいました。少なくとも彼らには三井とともに神奈川県大会を制したという「リソース」がありました。彼らがどのようにして全国大会に進んだのか、どんな練習をしてきたのかなど、考えの範囲を広げてアプローチをしていれば、バスケ部の3年生はもっと残っていたかもしれません。

さて、この「リソース」を理解できずに失敗した例について、作中でもっと顕著な例は「豊玉高校」でしょう。彼らのチームは伝統的に「ラン&ガン」という攻撃重視の作戦を用いており、それで全国大

会にまで出場していました。部員たちもこの戦法にあこがれて入った者ばかりです。
しかし、新しく就任した監督はそのような背景を理解せずに
「オフェンスは強いがディフェンスはザルだ！」
とその戦法を酷評したために、部員たちの反感を買ってしまい、最後には暴力事件にまで発展した上に格下（あくまで周囲の評価ですが）の湘北高校に負けてしまいました。もしも監督が「ラン＆ガンのスタイルによって全国まで行けていた」という部員たちのリソースを理解していたら、結果は違ったかもしれません。

理想が高すぎる人は、**「自分の経験や体験」を物事の判断基準にしてしまい、「相手の短所」にばかり目を向けがち**です。しかし、**部下には部下の事情や経験があります。**まずはそのことを理解し、相手の長所を活かせるようにしていくことが、良き上司への近道となることでしょう。

活用術のコツ

理想が高すぎるタイプへのアプローチには、「問題ばかりでなくゴールにも目を向けさせる」という方法がある。また、そうしたアプローチの他にも周りが持っている「リソース」を理解した上で、それを活かした支援を行えるようにうながしていくことが重要になる。

あとがき

いかがだったでしょうか？

『スラムダンク』のキャラクターをもとに『部下を伸ばす方法』について解説をさせていただきました。

本書の中では様々な支援の方法を紹介してきました。

その中で一番覚えておいていただきたいのは、

「弱点にばかり目を向けず、できるところに目を向ける」

ということです。

人は「自分と比べて他人が劣っている部分」というものは、いくらでも見つけることができます。

その一方で、「自分と比べてその人の方が優れている部分」には、なかなか気づくことができません。

「その部下はどういうところに秀でているのか」

「その部下ができていることは何なのか」

まずはその部分を探すことが第一歩です。

また部下を伸ばそうとする時には、部下だけでなく、自分自身の内面にも目を向けることが重要です。

たとえば、

「なんでうちの部下は報告・連絡・相談ができないんだ！　まったく、明日は部下全員に説教してやらないとな！」

と息巻いている人がいたとします。

はたから見れば、

「あなたがすぐに怒鳴るから、部下が報告・連絡・相談をしないんだよ」

とわかっていたとしても、本人は意外と気づかないものです。

もし相手が『使えない』と思ったとしても、単純に「相手に原因がある」と思わないことが重要です。

そして「気になる言動や失敗が『起きていない時』にも目を向けること」も大事にして下さい。

人は失敗した時にばかり目を向けてしまいがちです。しかし、失敗した要因だけでなく「今まで失敗していなかった要因」を考えることができれば、相手をより幅広く理解することができるでしょう。

最後になりますが『スラムダンク』は永遠に漫画史に輝き続ける最高の作品です。本書で紹介した以外にもたくさんの生きるヒントがつまっていますので、まだ読んでいないという人はもちろん、何度も読んだという方もぜひもう一度、手にとってページをめくっていただければ幸いです。

■主要参考文献

井上雄彦『ＳＬＡＭ ＤＵＮＫ 全31巻』（集英社）

藤原慎也『誤解されないコミュニケーションの技術』（同友館）

奥田弘美『ナビトレ スマ子・まめ子とマンガで学ぶ 新人・後輩指導コーチングスキル超入門：セルフサポートチェックノート付き』（メディカ出版）

伊庭正康『「ゆとり世代」を即戦力にする5つの極意』（マガジンハウス）

上地安昭、古谷雄作『イラスト版 教師のためのすぐに使えるカウンセリングスキル』（合同出版）

平木典子、沢崎達夫、土沼雅子『カウンセラーのためのアサーション』（金子書房）

福井至『図説 認知行動療法ステップアップ・ガイド―治療と予防への応用』（金剛出版）

齋藤高雅『臨床心理学特論』（放送大学教育振興会）

上野一彦、市川宏伸『図解 よくわかる 大人の アスペルガー症候群』（ナツメ社）

榊原洋一、高山恵子『図解 よくわかる大人のＡＤＨＤ』（ナツメ社）

しーた『発達障害 工夫しだい支援しだい』（学研プラス）

エレン・Ｓ・ヘラーコリン著、中田洋二郎監修、井上千里訳『アスペルガーと呼ばれるあなたへ――青年向け 生活・仕事・人間関係ワークブック』（大月書店）

杉山登志郎『アスペルガー症候群と高機能自閉症の理解とサポート――よりよいソーシャルスキルが身につく』（学習研究社）

かなしろにゃんこ『発達障害 うちの子、将来どーなるのっ!?』（講談社）

山崎房一『いじめない、いじめられない育て方――三つの愛の言葉がわが子を救う』（ＰＨＰ研究所）

司馬理英子『のび太・ジャイアン症候群3 ＡＤＨＤ 子どもが輝く親と教師の接し方』（主婦の友社）

岡田俊『発達障害のある子と家族のためのサポートBOOK　小学生編』（ナツメ社）
明橋大二『子育てハッピーアドバイス』（1万年堂出版）
山口薫『発達の気がかりな子どもの上手なほめ方しかり方』（学研プラス）
齋藤勇『恋愛心理学（図解雑学）』（ナツメ社）
米沢りか『カツ婚！　恋に喝！　篇』（講談社）
高橋美保、山口陽弘『増補改訂　試験にでる心理学』（北大路書房）
高橋美保『試験にでる心理学　社会心理学編――心理系公務員試験対策／記述問題のトレーニング』（北大路書房）
『心理学辞典』（有斐閣）
「ビジネスマン必読!!　メールの誤送信を防ぐちょっとした小技」
(http://matome.naver.jp/odai/2134300720369898501)
漫画で読む発達障害
http://bembo.hanamizake.com/simpleVC_20100421114948.html

著者紹介

小林奨（こばやし・しょう）

東京都生まれ。中央大学法学部卒業後、大手印刷会社に入社。在職中、会社のメンタルヘルスについて考える中で心理学に興味を持ち、より専門的に学ぶために会社を退職。その後、都内の心理系大学院に進学し、交流分析をはじめ、様々な理論を学ぶ。「多くの人の役に立てる本」「一人だけでなく、大勢で読みたくなる本」を書くために、従来「恋愛心理学」「ビジネス心理学」の世界で使われてきた「社会心理学」だけでなく、「臨床心理学」や「発達心理学」の理論も活かしたライター業を行っている。無類の猫好き。お酒は好きだが、あまり飲めない。

著書に『「ドラえもん」に学ぶ　ダメな人の伸ばし方』『「らく」に生きる技術』（彩図社）、『「ブラックジャックによろしく」から読み解く 面倒くさい人と上手につきあう心理学』（こう書房）などがある。

『SLAM DUNK』に学ぶ

「癖のある部下」の活用術

平成28年7月21日　第1刷

著　者　小林奨

発行人　山田有司

発行所　株式会社　彩図社
東京都豊島区南大塚 3-24-4
MTビル　〒170-0005
TEL：03-5985-8213　FAX：03-5985-8224

印刷所　シナノ印刷株式会社

URL http://www.saiz.co.jp　Twitter https://twitter.com/saiz_sha

　ISBN978-4-8013-0163-4 C0036